新时代法学继续教育拓展研究

——以西南政法大学为视角

主编／商文江

XINSHIDAI FAXUE
JIXU JIAOYU
TUOZHAN YANJIU
——YI XINAN ZHENGFA DAXUE WEI SHIJIAO

四川大学出版社

项目策划：梁　胜
责任编辑：梁　胜
责任校对：陈　纯
封面设计：墨创文化
责任印制：王　炜

图书在版编目（CIP）数据

新时代法学继续教育拓展研究 ：以西南政法大学为视角 / 商文江主编． — 成都 ：四川大学出版社，2019.7

ISBN 978-7-5690-1699-4

Ⅰ．①新… Ⅱ．①商… Ⅲ．①法学教育－继续教育－研究－重庆 Ⅳ．①D92-4

中国版本图书馆 CIP 数据核字（2019）第 129788 号

书名　新时代法学继续教育拓展研究——以西南政法大学为视角

主　　编	商文江
出　　版	四川大学出版社
地　　址	成都市一环路南一段 24 号（610065）
发　　行	四川大学出版社
书　　号	ISBN 978-7-5690-1699-4
印前制作	四川胜翔数码印务设计有限公司
印　　刷	成都市金雅迪彩色印刷有限公司
成品尺寸	170mm×240mm
印　　张	8.25
字　　数	127 千字
版　　次	2019 年 12 月第 1 版
印　　次	2019 年 12 月第 1 次印刷
定　　价	45.00 元

◆ 读者邮购本书，请与本社发行科联系。
电话：(028)85408408/(028)85401670/
(028)86408023　邮政编码：610065
◆ 本社图书如有印装质量问题，请寄回出版社调换。
◆ 网址：http://press.scu.edu.cn

四川大学出版社
微信公众号

序　言

党的十九大报告明确指出，经过长期努力，中国特色社会主义进入了新时代，这是我国发展新的历史定位。同时，该报告还强调，坚持全面依法治国是中国特色社会主义的本质要求和重要保障。党的十九大报告把坚持全面依法治国作为一项基本方略，要求全党必须全面贯彻，可见依法治国在新时代具有更加重大的意义。依法治国必将是我们党和国家要长期坚持下去的战略决策，只有长期坚持全面依法治国，才能保障人民民主，保障人民幸福安康，保障党和国家长治久安。

进入新时代，社会情况发生了巨大变化。面对社会教育需求的变化，法学继续教育将如何发展创新，如何为依法治国的推进做出新的更大的贡献，将是摆在法学继续教育工作者面前的重大课题。为此，我们组织了多位同仁，共同开展研究，以期形成理论成果，以利指导今后的工作。本书以西南政法大学法学继续教育办学为视角，对西南政法大学法学继续教育进行了历史回顾及经验总结，对新时代法学继续教育发展前景与挑战进行了分析，结合本校情况对拓展法学继续教育存在的困难和问题进行了梳理，总结提出了拓展法学继续教育的基本原则与方略，继而讨论了拓展法学继续教育的教学建设、管理建设、政治保障建设等诸多问题。

本书编写者皆为西南政法大学继续教育实务工作者，本书系集体研究的成果。该成果或许还不够成熟，或许还存在这样那样的不足，欢迎读者批评指正。我们谨希望该成果的呈现，有助于推动法学继续教育更加健康、快速地向前开拓发展，为法治中国的建设添砖加瓦，为新时代中国特色社会主义法治的推进做出更大的贡献。

《新时代法学继续教育拓展研究》由商文江任主编，刘琳红、李勇成任副主编。全书由正副主编统稿，由主编定稿。参加本书编写的作者有（以编写章目先后为序）：

第一章，李伟；第二章，李伟、梁敏；第三章，张超；第四章，刘琳红、李勇成；第五章，李珊珊、王帅；第六章，刘静；第七章，王永凤。

囿于作者水平，书中疏漏难免，欢迎读者批评指正。

编　者

2018 年 12 月

目 录

第一章　我校开展法学继续教育回顾与经验

一、我校开展法学继续教育的历程回顾

西南政法大学前身是1950年成立的西南人民革命大学，由刘伯承元帅担任校长。1952年在全国院系调整中，由重庆大学法学院、四川大学法学院、重庆财经学院法律系、贵州大学法律系、云南大学法律系合并，于1953年建立西南政法学院。我校是1978年国务院首批批准的全国重点大学，1995年经国家教委和司法部批准更名为西南政法大学。

继续教育作为与学前教育、基础教育、高等教育并列的一种现代教育形式，是伴随着终身教育理念而提出的。该概念提出虽然仅有二十余年的时间，但此前已存在此类教育形式。所谓“继续”，顾名思义，是指完成了某个教育阶段的人，又重新接受一定形式的有组织的教育。在知识经济时代，随着科学技术发展步伐的日益加快，产业结构调整与技术升级，传统的一次性学校教育已经远远不能适应当今经济建设和社会发展的需要。继续教育是学历教育的继续和延伸，会使人的智慧和思维得到进一步的更新和完善。只有接受继续教育与终身教育，不断学习才能使我们的思想、意识、知识永远保持与时代同步。

继续教育是在经过一定学历教育后继续接受有组织的教育。因此其概念含义是很宽泛的，凡对接受过一定学历教育后的人所进行的有组织的教育，都应当属于继续教育的范围。它既包括典型的职业培训教育，也包括先前人们所熟知的成人教育所采取的函授、夜大、职大

等学习教育形式，甚至自学考试助学教育也应涵盖其内。有人认为继续教育就是指培训教育，还有人认为继续教育即为大学后教育。这些观点都属于对继续教育概念的误读，是对该概念的理解过于狭隘。弄清楚继续教育的概念、含义及举办意义，才能进行此类教育形式的历史回顾与经验总结，有利于今后继续教育的开拓发展。

我校从创立至今已走过了近七十年的发展历程，相对于国内其他高校，我校的历史是比较悠久的。而我校开展的继续教育又是与我校的建立和发展是同步的，因此其历史较悠久，需要进行认真的回顾。

我校是以法学优势而闻名于全国的政法类高校，我校所开展的继续教育也基本上是依托和围绕学校的法学优势学科进行的。因此，对我校举办继续教育的历史回顾，实际上就是对我校法学继续教育的回顾。

我校近七十年继续教育的改革发展，经历了初创时期，调整改革时期，快速发展时期，重新调整发展四个阶段。

（一）继续教育初创时期（1950—1986 年）

我校的前身即 1950 年成立的西南人民革命大学，其创立目的就是为刚成立的新中国培养干部，其历史虽然短暂，但为新中国的建设发展培养了一大批的干部，解决了当时西南地区干部严重短缺的问题，其成效显著，贡献巨大。

1953 年西南政法学院成立时，就开办了在职政法干部轮训班。20 世纪 50 年代以轮训政法部门的在职负责干部为主，并与培养青年学生相结合。1954 年后，轮训班改为轮训部。1959 年以后，改为干训部，设治安、保卫、民政、司法四系，培训在职政法干部。1960 年起举办过函授，招收在职中学政治理论教师、宣传部门理论教员以及政法干部。1960－1962 年举办了两期，招收本、专科、函授生 200 多人。学校于 1978 年复办以后，在招收全日制本科生同时，干训部重新承担起培训四川省在职政法干部的任务。

1980 年 9 月，学校贯彻《国务院批转教育部关于大力发展高等学校函授教育和夜大学的意见》，根据教育部〔1980〕教工农字 016

号文件的有关规定，针对当时各地司法部门正处在恢复重建阶段，任务重，人员新，大批干部没有受过正规系统的专业培训，普遍缺乏法律专业知识而又难以离职学习的情况，向司法部申报恢复函授，举办法律函授专科。司法部〔1980〕司法教字第244号文《关于西南政法学院恢复函授教育的批复》，批准我院设立函授部，恢复函授教育，1981年起举办法律专业专修科函授班，学制三年，达到全日制专科水平，招生300～500人，招生对象为政法部门在职干部。1981年4月，原教育部〔1981〕教工农字第3号文，批准我院复办函授，举办法律函授专科，学制三年。此后，教育部〔1983〕教成字第2号文《关于公布普通高等学校举办的函授部和夜大学名单的通知》，将我校函授部函授专科列入名单，明确规定函授招生纳入国家的招生计划，学生学完教学计划规定的全部课程，考试及格的，发给毕业证书，国家承认其学历。

1981年春季，第一届法律函授专科开学，在西南地区的重庆、成都、贵阳、昆明四市设立函授站，招生504人。从此，我校成人教育进入以函授为主体，举办法律大专学历教育的历史新阶段。法律函授教育实行与司法厅（局）共同办学，分级管理的体制。学校与云南、贵州、四川三省司法厅共同建立函授教育委员会，在成都、重庆、贵阳、昆明四市司法局设立函授站。

1982年函授专科继续在以上四市招生500名。院函授教育委员会于2月份举行第二次会议，审定1982级新生录取名单，修订了函授专科教学计划，通过了函授生学籍管理试行办法。4～5月函授部领导赴四川内江、自贡、绵阳、温江等地、市，同当地司法局和政法委，就扩大函授招生地区和设立函授站交换意见。

1983年初，司法部教育司组织部属北京院校、华东政法学院和我校函授部负责人，成立函授教育调查组，到我校及西南三省四市函授站实地考察法律函授办学，充分肯定了部属院校举办法律函授专业的必要性与可行性。3月份司法部在上海首次召开全国各地函授站站长会。华东、华北、西南地区的省、市函授站站长和省司法厅主管教育的负责同志，部属北京、西南、华东三所院校函授部负责同志出席会议。会议明确指出，函授法律专科是普通高校高等教育的组成部分。办好函授教育的关键是保证教学质量，一方面，要求办函授的院校，把函授视为同全日制同等重要的教育形式；另一方面，要求函授站加强领导和管理，由省司法厅负责设立函授站。会议还就改进函授教育和管理工作提出了要求。会议期间，司法部教育司和院校有关部处负责同志专门召集我校函授部和西南三省司法厅、函授站代表座谈，对由省司法厅设立函授站和有关招生对象与扩大招生地区做了具体部署。1983 年 4 月，我院召开函授教育工作会，贯彻司法部上海会议精神，与云、贵、川三省司法厅领导商定，改由省司法厅组建函授站，四市函授站改为省属函授分站，确定从 1983 年起函授教育入学时间与普通高教一致，从秋季起招生，招生范围扩大到西南三省十六个地、市，招生对象为在职政法干部，此外还受西藏军区委托，专门开办了西藏军区法律函授专科班，1983 年共计招生 630 人。

1983 年 12 月，司法部发布了〔1983〕司法教字 461 号文《关于发展和加强法律函授教育的若干问题》，就部属院校举办函授教育的性质、地位、作用和学历层次；学校与司法厅局举办函授的分工；招生对象和考试办法；教学计划、面授和辅导，以及函授教师队伍建设、函授教育经费、毕业考试等方面做出规定。1984 年 2 月，司法部在北京召开函授教育工作会，就函授生入学和毕业统考做了具体部署。

我校贯彻司法部〔1983〕司法教字 461 号文件的规定精神，于 1984 年 2 月抽调一批教师干部，充实加强函授部，在函授部设教学管理科室和教研室。还决定撤销干训部，停办短期干部轮训，改建为干部专修科，从 1984 年起举办两年制干部专修科全脱产班，纳入司法部统一招生计划和统考。

1984 年 4 月，我校首届 1981 级函授专科学生，学完教学计划规定的课程，通过司法部组织的毕业统考。5 月份，学校召开首届毕业生资格审查会，审定 495 人成绩及格，思想政治鉴定合格，准予毕业。6 月初在四市隆重举行了首届函授生毕业典礼。

1984 年起，函授招生首次由司法部进行统考和统一录取，因我校函授生入学考试成绩较好，司法部确定由原计划招生 600 名增为 724 人，招生地区扩大到云、贵、川三省的 24 个地、市、州，首届干部专修科招生 125 人，函授生均为具有 5 年以上工龄的在职政法干部。

1984 年 10 月，学校召开函授教学管理会，在总结几年来办学经验的基础上，建立了有关函授教育管理体制、学籍管理考试考查以及函授辅导教师建设等方面的六项教学规章制度。

1985 年，我校报经司法部同意，试行在政法系统以外扩招函授生。函授办学地区进一步扩大到西南三省一区的 36 个地、市、州，招生 771 人。学校在函授办学初具规模的基础上，承担了法律专业自学考试工作，接受四川省高等教育自学考试委员会委托，担任四川省法律专业自学考试的主考学校。我校按照全国自考委法律专业委员会颁布的法律专业考试计划，制定了开考实施计划，实行本、专科两段制和学分制，课程设置大体与函授教学计划一致。从 1985 年下半年开考专科。由于函授办学与自考工作结合，推动了我校成人高等教育的改革与发展。函授部组织各教研室，编写了各门学科的自学考试大纲、教材和自学指导书，加快了成人高教教材建设。函授部还运用函授教学师资力量和教学经验，开展了各种社会助学活动，推动法律专业自学考试逐年发展，我校法律专业四川省考生人数在万人以上，成为有较大影响的专业。

1986 年初，学校召开函授教育改革座谈会，总结五年办学经验，研究改革方案。云、贵、川三省司法厅教育处的负责同志和成渝、贵、昆等 17 个市、地、州司法局（或宣教处）的负责同志，作为省函授站和函授分站常务站长参加了会议，学校党委书记、院长和各系、部主任、教务处长出席会议，与各函授站负责同志就函授改革交换意见。会议在回顾、总结办学经验的基础上，讨论了包括函授教育的管理体制、教学计划、学籍管理、经费管理以及招生、毕业等方面的改革意见和办法。充分肯定了函授法律专科和干部专修科的办学，认为这是提高在职司法干部的政治素质和业务素质，改变干部队伍知识和专业结构的重要途径和有效措施。三省司法厅局教育处负责同志反映，我校函授生的质量是有保证的，函授教育是得到社会承认和有信誉的。81级和82级近千名毕业生中多数已成为本部门的业务骨干，有些还先后被挑选进入各单位的领导班子或列入第三梯队。业务部门要求我校以函授为主体的各类成人高等法学教育，继续在改革中发展，多出人才，出好人才。学校领导在会议总结时提出：改革发展成人法学教育应主要做好四个方面的工作：第一，继续争取各级党政领导的支持，充分发挥地方办学的积极性。第二，一定要强调和重视教育质量。在各个教学环节严格把好质量关，以质量求信誉，促发展。第三，建立一支以专职教师为主体，专兼职教师相结合的成人教育教师队伍。主要专业课应有专职教师承担，兼职教师也应相对稳定。应把教材建设纳入成人教育的一项重要任务。第四，教学管理工作严密组织、严格管理，管理制度化、办学正规化。

从1986年起，函授和干部专修科等成人高教序列招生，纳入国家教委组织的成人高教全国统考，分省录取。我校函授招生795人，增至7个面授点教学。干部专修科拓宽专业范围，与林业部公安局签订了5年委培协议，培训在职林业公安干警500名。同年6月，国家教委召开全国函授教育工作会议，制定颁布了《普通高等学校函授教育试行工作条例》，标志着我国函授教育作为正规化的高等教育已进入新的发展阶段，建立函授教育管理体制有章可循。学校于8月份召开函授教育工作会，传达贯彻全国函授工作会议和《条例》精神，明确了高等函授教育是我国高等教育的重要组成部分和高等学校的一项基本任务，以及在新的历史时期发展高等函授教育的任务、工作方针和政策措施。

1986年底，学校函授办学和自学考试初具规模，在校函授生共2219人，已毕业三届函授生共1600多人；四川省自学考试当年考生达13000多人，37000多科次。函授覆盖面已达西南三省40多个地、市、州。

（二）调整改革时期（1987—1991年）

1987—1991年的五年间，我校对成人高等法学教育进行了调整改革。1987—1989年三年间，侧重于通过调整改革，发展多形式、多层次的成人高等教育。1990—1991 年贯彻国家教委对成人高教治理整顿的部署，致力于巩固和提高。

1987 年 8 月，学校首次组织大型函授教育研讨会，学校党委书记和主管院长同云、贵、川三省司法厅领导和三省函授站 30 多位代表、司法部教育司、院校处、市高教办和部属院校函授部代表共 61 人，研讨了贯彻《函授条例》，改进和加强函授教育管理，完善管理体制等方面的经验和问题，就改革发展成人教育的方针和措施达成了共识。会后，编辑出版了论文和经验总结选编第一辑。

1987 年下半年，学校贯彻国家教委“归口管理，加强领导，提高质量”的指导方针，报经司法部批准组建成人教育部，将函授部与干部专修科合并，归口管理学校各类成人教育。要求成人教育部能承担教学和管理双重任务，成为办学实体。成教部制定了 1988—1990 年成人高等教育的“三个继续，两个试办”的三年发展规划，即在继续办好法律函授专科、干部专修科和四川省法律自考，并在确保质量的基础上，适应政法部门培训干部的需求，提高办学层次和开辟新的办学形式，试办专科起点本科班和大专层次的政法公安专业证书班。成人教育部的教学管理机构，设立了部办公室、教务科、教材科、自学考试科、干部专修科和专业证书班办公室等职能管理科室，制定了一整套教学管理规章制度，使成人教育管理逐步制度化、规范化。成教部还组建了直属的法学理论（含宪法法制史）教研室、刑法（含刑诉法）和民法、经济法教研室与《法律函授》编辑部。结合院内各单位定编，把成人教育兼职教师的名额分配到有关系部的教研室。落实函授教学任务，由成人教育部各教研室负责，逐步承担主要专业课的教学，形成了以专职教师为骨干，专兼职相结合的成人高教师资队伍。

我校成人高教改革发展规划，得到司法部的肯定和省市教委的大力支持，以函授为主体、大专为重点，包括干部专修科、自学考试、专业证书班的多形式多层次成人高等法学教育，加快了改革发展步伐。法律函授教育贯彻“立足政法，面向社会”的办学方针，扩大了办学规模，还致力于提高办学层次。函授专科 1987、1988 两年招生人数均在 900 人以上，经司法部核准，并报经国家教委〔1987〕教高三字第 2 号文批准，我校从 1988 年起在全国首批举办函授专科起点本科班（专升本），学制三年。第一期专升本在四川省成、渝两地招生 158 人。第二期增加了贵州省招生，1990 年起专升本扩大到云、贵、川三省，三年累计招生 500 多名。此外，还为中南政法学院在湖北省招收了数十名函授专升本学员。我校还报请司法部批准，增设函授经济法专业专科。

我校接受重庆市委组织部、市司法局和市公安局的委托，在重庆市教委的支持下，从 1988 年春季起，作为重庆市首批实施《专业证书》教育的试点学校，试办了法律、公安两个专业证书班。专业证书班经市教委和业务主管部门联合检查验收，课程设置、课时安排、教学管理和教育质量等方面，符合国家教委的相关规定。此后，最高人民检察院、司法部林业部公安局以及云南、四川、重庆等省市政法部门，相继委托我校举办了 6 个专业，33 个专业证书班，全校累计招收学员 2670 人。

我校举办的法律专业自学考试，从 1985 年开考到 1988 年完成法律专科第一轮课程考试。首批自考专科毕业生 300 余人，获得了由四川省自考委和学校共同签署的法律大专毕业证书。我校作为主考院校，充分发挥了教学、师资方面的优势，运用举办函授、干部专修科、专业证书班等成人高教办学经验，拟定了自学考试实施计划和考试大纲，先后编写了 27 本适用法律专科阶段自学考试的教材和辅导教材，组织 54 名教授、副教授和讲师，按照省自考委关于标准化考试命题的要求，进行专科段 11 门专业课的题库建设，每科有 20 套考题进入题库，保质保量地把国家的高等教育学历标准，转化为具体可执行的考试标准。成教部还积极开展和支持社会助学工作，考生从初期数千人增加到 2 万多人。为适应法律专业考生大幅度增长的需要，省自考委从 1989 年以后增加了每次考试的课程，每年分两次考完专科全部 14 门课，从而促进了法律专业自学考试的持续发展，20 世纪 90 年代起考生上升到 3 万多人，每次报考 6～8 万科次。每年专科毕业生达 1000 多人。我校于 1989 年由省自考委评为自考五周年先进集体。

我校干部专修科从1984—1989年共举办6届，我校受林业部公安局委托，招生范围从西南扩大到全国范围，共招生600多名。

1990—1991年，国家教委对成人高等教育进行治理整顿，中止干部专修科和专业证书班的招生，大幅度减少了函授招生计划。我校成人高等教育贯彻治理整顿的要求，通过检查总结办学经验教训，致力于完善教学管理，提高教育质量。

成人教育部按照国家教委、司法部和省、市教委关于治理整顿的要求，全面检查了十年来各类成人学历教育和专业证书班办学情况。经检查，我校各类成人教育从录取新生到组织教学、选用教材、安排教师、成绩考核等各个环节，都能严格按照国家规定办学，并以提高质量为中心，采取了一系列相应的措施。所有函授、干部专修科学生均经国家统考录取，专业证书班学员也都经过入学考试合格，审查批准入学。在教学过程中，能严格执行教学计划，有计划、有组织、有指导地完成教学全过程。课堂教学保证了教学时数，注意政治教育与专业教育相结合，处理好学习理论与实际运用的关系，着重培养应用型人才，注重提高学员运用专业理论分析解决问题的能力。由于教学过程中重视提高学员的政治素质，各类成人教育学员政治上表现优异，坚决拥护党中央的重大决策部署，坚持在政治上与中央保持一致。

1990—1991学年，我校函授教育和专业证书班办学经省、市教委审查，认为教学质量是有保证的，没有“三乱”现象，我校先后举办的33个专业证书班，共2670人于1991年经重庆市教委检查验收合格。

1989—1991年，成教部围绕强化教育管理和提高教育质量着重抓了以下三项工作：首先，在各类成人高等教育中，继续关注并重视政治教育与专业教育结合。既要求政治理论课系统讲授马克思主义的基本原理，又强调在专业课中坚持马克思主义法律观，注意把握学科领域的思想政治方向，还专门增设思想政治教育课，组织编写了成人教育《思想政治教育纲要》，结合形势联系实际，进行党的基本路线的教育和组织纪律与政法职业道德教育。以后又把思想政治教育课正式列入教学计划，教学内容随形势发展，学习邓小平建设中国特色社会主义理论与党的十四大以来的重要方针政策。第二，继续做好教材建设。1989 年由主管院长牵头建立成人教材编委会，组织有成人教育经验的教授专家，在 1985 年编写自考专科段教材资料的基础上，按照司法部和国家教委新编教学大纲的要求，以“一个中心，两个基本点”为指导，吸取我国社会主义法制建设的新发展和法学研究成果，修订大纲，更新教材。1990—1991 年编写并由四川人民出版社正式出版的成人高等法学系列教材（新编本）有《法学基础理论》《宪法》《刑法》《民法》《经济法》《婚姻法》《刑事诉讼法》《民事诉讼法》《国际法》《中国法制史》《法律逻辑学》等 11 种，还组织编写出版了与教材配套的学习指要，共约 500 万字。系列教材的发行量，每科均在 5 万册以上，不仅适应了我校西南地区函授生的需要，还满足了各类成人大专以及四川、西藏数万名自考生的需求。从 1991 年下半年起，又陆续组织编写出版本科段成人法学教材《行政诉讼法》《国际经济法》《外国宪法》《专利商标法》等系列教材。第三，全面总结办学经验，制定“八五”规划。成人教育部结合函授办学十周年之际，全面总结我校十年来的办学经验：坚持社会主义办学方向，全面贯彻教育方针；争取领导重视，把成人高等教育作为普通高校的重要组成部分，增加投入，政策扶持；实行校内归口管理，校外合作办学；严格教学管理，加强规章制度建设；加强成人教育教师队伍建设和成人教育教材建设。总结各类成人教育在确保教育质量，坚持以质量求信誉，质量促发展等方面的经验。

我校成人高等教育重视质量和管理的办学经验，得到国家教委、司法部和省、市教委的充分肯定。1990 年底，司法部召开全国成人法学教育工作会，确定我校在大会专题汇报交流《发挥普通高等学校优势，稳步发展成人高等教育》的办学经验，连同我校撰写的《正确处理函授办学的各种关系》两篇论文和总结，收入司法部主编的《成人法学教育十年》一书，1990 年我校被全国自考委评为自考十周年主考校先进集体。

1991年3月，我校庆祝成人高教复办十周年，举行了第二次成人高等教育研讨会，邀请了西南三省司法厅（局）部分领导和函授站代表，司法部教育司成人教育处负责同志，部属兄弟院校成人教育部（函授部）负责同志和重庆市教委高教处负责同志，以及办学初期就从事函授教育领导和管理工作的老同志参加会议。与会代表回顾和总结了西南地区成人高等法学教育的十年办学历史和办学经验，围绕深化改革和提高成人教育质量，探讨成人法学教育的地位作用，如何加强学员的思想教育，以及强化管理、从严治校，完善共同办学机制方面的问题，讨论了我校成人教育“八五”期间的改革发展规划。会议共收到论文40多篇，成教部收入其中20多篇文章，编辑出版了《成人高教研讨会论文总结选》第二辑，成教部撰写的6篇文章获省市成人高教协会科研奖。

1991年上半年，学校制定了成人教育“八五”发展规划。总的指导思想和发展目标是，按照国家教委和司法部对部属院校成人高等教育治理整顿和改革发展的要求，贯彻“控制规模，优化结构，深化改革，提高质量”的基本方针，坚持社会主义办学方向，做好“四定”和归口管理的“五统一”（对成人教育统一规划、统一审批、统一教育管理、统一发证和验印统一收费标准）。着重在提高质量和主动适应形势任务的需要上下功夫。“八五”期间成人教育的办学规模，在确保质量的前提下，做好“四个继续，三个开办，两个筹备”。四个继续：第一，继续办好函授专科，每年招生保持在500人左右；第二，继续试办和完善函授专科起点本科班，每年招生争取达到500人，实现本科与专科结合；第三，继续办好法律专业的自学考试，严格考试阅卷的组织管理和严格评分标准，提高考试信度，做好社会助学，为社会各方面培养法律人才提供办学条件；第四，继续试办法律和公安专业证书班，适应经济建设和改革开放需要，试办经济法专业证书班。三个开办：第一，开办法律专业衔接本科段的自学考试，从1991年下半年开考；第二，开办公安管理专科专业自学考试；第三，开办全日制专科起点本科班或全日制本科，每年招生100人。两个筹办：第一，筹办大学后的继续教育。首先拟试办法律函授专科第二学历班，招收其他专业专科毕业生，培养既懂经济、科技和管理知识，又懂法律的复合型人才。同时，适应政法部门和企事业的需求，筹办各类岗位培训班，继续联系落实香港函授班，为香港特别行政区法制建设服务。第二，1993 年起筹办夜大学专科，满足重庆市多方面需要，接受委托代培。

“八五”规划的总体设想是，要求成人高等法学教育适应社会主义现代化建设和法制建设的需要，“立足政法，面向社会”，为政法部门和企事业服务，使普通教育与成人教育、职前教育与职后教育相衔接，学历教育与非学历教育相沟通，寻求成人法学教育为改革开放服务的有效途径。

1991 年我校隆重庆祝成人高教复办十周年。学校表彰各省函授教育工作先进集体和个人，四川省重庆、成都、内江、攀枝花，云南省昆明、楚雄、大理，贵州省省函授站和安顺市函授分站，被评为函授教育工作先进集体。表彰的先进工作者，四川省 16 人，云南省 8 人，贵州省 6 人。为十年来函授教育中做出优异成绩现已离退休的老同志颁发了荣誉证书。还表彰了成教部长期从事成人教育的教师和干部，学校还向司法部上报了西南地区法律函授教育先进单位和先进个人的推荐名单和先进事迹。

（三）快速发展时期（1992—2002 年）

1992 年我国改革开放和现代化建设事业进入新的历史发展阶段。我校成人高等法学教育，抓住历史机遇，进入新的发展时期。

1992 年 8 月 1 日，国家教委为了肯定成人教育成绩，鼓励先进，决定在全国表彰 80 所成人高校，40 所普通高校成人教育办学单位和 180 所成人中等专业学校。我校成人教育部被国家教委授予“全国普通高等学校成人高教先进单位”称号，并颁发了奖牌。8 月 28 日，司法部召开部属普通高等学校法律函授教育十周年表彰大会。我校成教部和四川、云南、贵州三省的省函授站，成都、重庆、楚雄函授分站荣获十年法学函授教育先进单位称号。西南地区共有 18 位同志被评为函授教育先进工作者，6 位教师被评为函授教育先进教师。我校成教部和云南省函授站代表受表彰的先进集体和先进个人在大会上发言。司法部鲁坚副部长在会上全面总结了部属普通高等学校十年函授办学的基本经验，充分肯定各校函授办学取得的成绩，就进一步改革与发展法律函授教育作了指示与布置，与会同志提高了认识，明确了方向，树立起深化法律函授教育改革与发展的信心。

成教部在党的十四大召开后，学习贯彻十四大精神和中国特色社会主义理论，进一步解放思想，抓住新时期改革开放和现代化建设为成人高等教育提供的新机遇，加快成人高等法学教育的改革与发展步伐。

1993 年起，我校迅速扩大了各类成人高等教育办学规模。当年函授教育招生 1800 多人，相当于在校两个年级学生人数的总和。在校生从 1992 学年的 2400 多人增至 3700 多人。大踏步走出因国家教委大幅度压缩成人招生计划导致的困境。1992 年司法部〔1992〕司教字第 74 号文批准我校增办夜大学，并由国家教委教成厅〔1993〕1 号文批准和准予备案，于 1993 年起招生，试办和新办的第二专业班、全日制大专班、全日制涉外法律专门化班的招生人数，也超过了预计的规模。为适应社会需求，拓宽专业范围，发展多形式、多层次的成人高等法学教育，创造了良好的开端。

1993 年 9 月，成教部在学校隆重庆祝建校 40 周年之际，召开了成人教育工作会，在司法部教育司成教处负责同志指导下，与云、贵、川三省司法厅（局）负责同志，讨论了新形势下如何贯彻《中国教育改革和发展纲要》和《进一步改革和发展我校成人高等教育的意见》，如何改革发展成人高等教育等问题。成教部就如何主动适应社会主义市场经济体制，积极改革发展成人高等法学教育，从办学方针、办学机制和质量管理等方面，修订、充实和发展了“八五”规划。提出了“立足大政法，面向全社会”的办学方针，发展多形式、多层次办学的机制，探讨培养复合型人才的途径和坚持质量第一办学理念，改革完善教学管理的措施。

1994 年 4 月，学校为了完善成人高教的办学机制，报经司法部批准，将成人教育部扩大为成人教育学院，调整和充实了领导班子和完善了职能科室。成教院召开了函授教育工作会，按照国家教委《函授教学过程实施要点》，着重研究了强化教学管理，努力提高函授教育质量的问题。修订和新制定了《函授教师面授须知》《函授站辅导教师工作职责》《函授站管理工作规定》《函授站考试考查命题细则》《函授教师评阅试卷的规定》《函授学员考勤规定》等 8 项函授教育管理制度，确定了在函授专科建立考试题库等提高教育质量的措施，明确了处理函授教育改革与发展中质量和数量的关系。

1994—1996 年，我校各类成人高等教育主动适应社会需求，办学规模继续扩大，还进一步拓宽专业范围，增加了新的办学形式，全面完成并发展了“八五”规划的目标，成人高等教育学历教育的办学规模已形成学校全日制普通高教与成人高教并举，两条腿走路的新格局。我校成人高等教育的改革与发展具有自身的特色，重视并处理好改革与发展中的各种关系。

一是正确认识和处理“立足政法”与“面向社会”的关系，实行全方位的办学方针。针对法律人才的需求出现多元化的趋势和成人高等法学教育面临的新情况，立足大政法，面向全社会，着眼基层，服务经济，把为政法部门培训在职人员与为社会各方面培养法律人才结合起来。

二是正确处理全日制函授夜大，学历教育与岗位培训的关系，发展多形式的成人高等法学教育。在坚持以函授为主体的同时，开办了夜大学、全日制大专班，全日制助学班，试办了大学基础班和续读班、大专专业证书班和大专专业证书起点专科班，举办了岗位培训班，从而扩大了办学规模。1995—1996 学年函授在册学生人数达 4122 人，夜大学生 102 人，全日制专科学生 550 人，学历教育学生共计达到 4772 人。三年中还先后为林业公安局举办了科、局长班、干警培训班和警衔培训班十多期，培训 1000 多人。使成人高等法学教育既适应了在职人员培训提高的需要，又能满足转岗转业和待业人员的不同需求。

三是正确处理高等教育自学考试中社会助学与国家考试的关系，拓宽自考功能。学校报请四川省自考委批准，在法律专业基础上增加了涉外法律专门化、律师专门化和应用法学本科等应用型专业，还建立了计算机等级考试考点。在按规定完成命题阅卷任务的同时，贯彻教考分离的原则，开展各种助学活动。成教院试办了把学校全日制教学与国家考试结合的专科班、专科起点本科班，还接受法院、检察院和司法厅的委托，举办了在职学习的应用法学专升本助学班。1993—1995 年，全日制专科班共招生 1500 多人，应用法学本科班 900 多人。1996 年专科招生 700 多人，本科招收 1600 多人。法律自考规模几年来持续稳定发展，考生达 3~4 万人，每年报考 20 多万科次。学校从 1994 年开始组织本科段毕业论文答辩。

四是正确处理法学专业与其他专业结合的关系，拓宽专业范围，培养复合型人才。成教院就拓宽专业范围进行了试点，在函授专科中招收第二专业。在司法部和省教委的支持下，试办了函授本科第二学历班。在自学考试中试办了涉外法律专门化和律师专门化专业，经省考委批准，调整了法律本科段考试计划，允许其他专业本、专科毕业生通过加试部分课程，参加本科段自考。

五是正确处理课程建设中内容更新和学科调整的关系，加强成人高教教材建设。成教院为了适应社会主义法制建设的新发展，注意把对现有课程的内容更新同对课程设置的调整结合起来。在课程调整中以经济法制为重点，增设了《公司法》《合同法》《财税法》《知识产权法》《社会主义市场经济法制》《港澳基本法》《计算机应用》等课程。从 1994 年起组织对现有课程教学内容进行更新，重新编写了《宪法》《法理学》《民法学》《刑法学》《经济法学》等 5 本教材，于 1995 年起陆续出版，还编写出版了与教材配套的自学指南，并对《刑事诉讼法》《涉外经济法》等教材进行修订。1995 年又组织力量专门为函授本科学生编写出版了《法学英语》《法理宪法若干理论问题研究》《新增刑法通论》《新颁经济法律和民事法律专论》《权力与制约——行政诉讼法研究》等教材与专著。

六是理顺了教学管理与保证教育质量的关系。成教院在办学规模不断扩大的情况下，注意处理好教育管理中的各类关系，强化教学管理。首先是把增加投入，改善办学条件同总结经验、提高办学能力结合起来。几年来以计划外办学收入为依托，购置了汽车、复印机、胶印机、传真机以及录音、录像等教学设备，还专门购置了40台486型计算机，建立成人高教专用微机室，添置了直拨电话和手机，为教职工配备了传呼机，为办公室安装了空调，改善了办学条件。同时，注意总结教学管理经验，开展成人高等教育研究以提高办学能力。1993年成教部成人教育管理成果获四川省教委第二届教学成果和省社会科学一等奖，1993年和1994年先后两次组织成人高教教学管理研讨会，编辑出版了《成人高教研讨会论文总结选》第三辑，1992—1995年有多篇论文获省市成教协会论文奖。1995—1996学年结合函授教育自查评估，着重研究改进教学管理的措施。其次，在教学管理中注意利用计算机技术建立和完善管理规章制度，提高管理能力，逐步实现管理手段与科学化结合起来。围绕保证教育质量，先后修订了《函授教育管理的八项规定》，制定了全日制专科和应用型专门化班的《学生管理细则》《学籍管理细则》等规章制度，在教学管理和职能科室落实了以目标管理为主的岗位责任制。随着办学层次的发展，改进教学管理手段，增加了5台微机，在函授教学管理和自考管理工作中实现了微机管理。其三，为了适应办学规模扩大后管理的需要，在教学管理工作中把加强校内管理和发展校外共同办学，共同管理结合。此外，还与法院、检察院建立联合办学关系，共同管理函授站、助学班，教学点。在加强校内教学管理中依靠成教院专职管理人员的管理，与增聘十多位有教学管理经验，能胜任教学管理的老同志共同管理结合起来。其四，在教学管理中注意健全责任制，实行目标管理同建立激励机制结合起来，按照教师干部工作业绩，体现按劳分配，建立了每年奖励教学成果和科研成果的制度。

1995—1996学年，成教院把函授、夜大教育评估作为主要任务。贯彻国家教委《普通高等学校函授教育评估基本内容和准则》《普通高等学校夜大学评估内容和准则》的规定要求，按照司法部的统一布置进行自查评估工作，力求通过评估肯定成绩，总结经验，发现问题，积极整改，使函授、夜大的教育质量进一步提高，教学管理工作进一步规范化、制度化。学校专门成立了函授教育评估领导小组，领导小组由学校校长、云、贵、川三省司法厅领导、成教院以及学校有关部处负责人组成，在成教院设立了评估工作办公室。为配合学校评估工作，四川省司法厅、云南省司法厅均相应建立了函授教育评估领导小组和工作机构。学校还专题召开云、贵、川三省司法厅和函授站负责人参加的函授工作会，就函授站的建设及评估工作做了具体安排。成教院在组织教师干部认真学习函授教育评估文件基础上，将评估指标以评估工作任务分配单落实到人，还由学院领导组成工作组，工作组行程万里，先后两次分赴云、贵、川三省各大函授站，实地了解和考察各地函授站的办学能力和管理水平，收集函授教育评估的资料。

1996 年 5—6 月，成教院组织专门力量，对照评估指标体系，就学校投入、教育管理、教学质量三大部分逐项进行自查与评分。对各项评估要素写出评分依据，列出相应备查资料；同时向司法部和国家教委上报了《函授教育和夜大学自评报告》和《函授教育自评评分表及说明》《夜大学教育自评评分表及说明》。

1996 年 10 月 21—24 日，司法部评估专家组一行 6 人（含地方教委 2 人），对我校的函授、夜大学教育工作进行了全面的评估检查。评估期间，专家组听取了校领导和成教院负责人就我校成人教育基本情况及自评报告的介绍，参观了成教院 15 周年教学成果展览；查看了成教院的办公、图书资料、电脑等设施条件；考察了重庆函授分站；先后召开了函授、夜大学学生座谈会，管理干部和教师座谈会；对部分学生和教师代表做了不记名的问卷调查，走访了主管校长，仔细查阅了我校提供的 356 卷评估资料。最后，评估专家组召开校领导和各单位党政负责人与成教院同志参加的大会，宣布了对我校函授、夜大学教育的评估意见。专家组认为，我校的成教工作居国内领先行列。几年来，西南政法大学一直把成人教育的工作作为学校的一项基本任务，实行全日制普教与成教两条腿走路的方针。学校办成人教育的方针明确、规模适当，条件良好。尤其是学校为成教工作配备了较好的管理干部和专职教师两支队伍，有力地保证了成教任务的完成。这些充分反映出学校的办学指导思想是正确的。专家组还认为，学校函授、夜大的教育管理工作制度健全并完善，工作严格并规范。在多年的教育管理实践中，学校在教师安排与考评、面授管理、自学及作业管理、考试管理、教学档案及学生学籍管理等方面形成了一套比较完善的制度并严格执行了这些制度。专家组充分肯定了学校的教育质量，认为我校函授、夜大学教育已达到预期目标，社会信誉高。基于学校严格的管理和思想教育工作，教师树立了良好的教风，学生树立了良好的学风，保证了人才培养的质量，十几年来为西南地区培养了一大批合格的法律人才，许多毕业生都已走上领导岗位，并在领导岗位上发挥了很好的作用，为西南地区的经济建设和法制建设做出了重要的贡献。专家组对我校函授夜大教育的评估结果为优良等级。

专家组在肯定成绩的同时，也指出了我校成教工作中存在的某些成人教育办学归口管理不够、教育计划的全面修订不够及时，在重庆市内教师面授的交通问题还未完全解决好等问题。对我校成教工作提出了几点建议和希望：第一，加强对成教工作的理论研究；第二，注重法律人才全面素质的提高；第三，管理工作要适应信息社会的要求，利用已有的有利条件，加强各种计算机软件建设，为成教管理的科学化、现代化做出示范和贡献。

我校成教工作通过评估，肯定成绩，找出差距，以评促改，以评促进，提出了整改措施和“九五”期间改革发展的思路。

首先，按照司法部《法学教育“九五”规划和2010年发展设想》和《关于加强成人法学教育改革与发展的意见》，意见在指导思想上以建设中国特色社会主义理论和党的基本路线为指导，认真贯彻《教育法》和《教育改革发展纲要》，坚持“三个面向”的教育方针，充分发挥普通高校举办成人高等教育的优势，建立和完善能主动适应社会主义市场经济和法制建设需求的，以函授为主体、本科为重点，本专科相结合的多形式、多层次成人高等法学教育体系，各类成人教育都要全面提高办学质量，增强办学效益，办出自身的特色。力争不仅在西南地区，还要在全国办出一流水平。继续巩固和提高成人高教办学声誉，在成人高等法学教育中起到示范带头作用。

其次，对于成人高教改革发展的目标与措施，主要抓好“一个稳定，两个提高，三个发展，四项措施”。

稳定办学规模。成人高教以发展函授和半脱产为主，计划在“九五”期间，成人高教学历教育办学规模不超出5000人。大体与全日制普通教育规模相当。成人高教以函授教育为主体，占90%，4500人。全日制占10%，500人。在函授教育中，继续提高本科和专升本的比例，逐步达到本科3000人，专科1500人。每年共招生1600～1700人。非学历教育也要适度发展，但不超过成人学历教育的50%。

狠抓两个提高。一是通过增加投入，加强管理，加强师资建设，教材建设，切实提高各类成人高教特别是函授教育的质量。继续坚持办学质量第一，以管理促办学质量，以办学质量求发展的方针。二是提高办学效益。通过归口管理，全面促进成人高教的办学效益，使之能在确保办学质量的基础上，多出人才，出好人才，充分提高学校办学的效益。

实现三个发展。一是大力发展法学函授专升本，使函授教育本、专科的比例逐步达到2比1，积极试办和发展自考与函授结合的专升本，保持1000～1500人的规模，从而使成人高教专升本在“九五”期间总的规模达到4000～4500人。二是积极发展本科函授第二学历班和法学应用型专门化。使成人法学教育能适应党政机关、企事业和社会各方面对复合型人才的需求，办学规模力争达到1000人。三是发展大学后继续教育，继续试办并稳步发展法律专业硕士学位教育，在此基础上开展同等学力申报法律专业硕士学位的工作，到20世纪末，招生规模争取达到500人。

落实四项改革与发展措施。一是落实“立足政法口，面向全社会”的成人高教办学方针，立足政法口大力发展专升本，着眼法律服务人才培养，积极发展应用型法学专业。把面向西南地区基层及“少边”地区同接受委托，参与竞争，跨地区发展结合起来，继续试办并积极发展港澳和海外成人法律教育。二是发展多形式办学，在办好函授的同时，积极发挥学校在高等教育自学考试中的作用，通过贯彻“自考改革发展规划”，继续做好法律（一）（二），律师专业和刑侦、公安等四个专业的主考工作，使法律和律师专业考试在四川的规模继续保持在 3 万人左右。努力办好函授与自考结合，全日制办学与国家考试结合的各种应用型法学专业，积极探索函授与国家自学考试沟通，学校成人高教办学与国家考试结合的新的成人高教模式。同时，通过接受党政机关、行政执法部门和企事业委托培训，开展各类成人教育，包括大专专业证书班和高、中级岗位培训，发展多形式、多层次的成人高等法学教育办学体系。三是改革完善成人高教办学机制与体制，首先要继续完善与司法厅（局）共同参与、分工负责的函授教育办学体制。积极探索与西南地区成人政法院校联合办学的机制，根据这些学校不同条件，在发展专科和适度发展专升本方面联合办学。按照发展函授与其他办学形式的需要，与有关业务部门建立共同参与、分工负责的合作办学机制。继续发展与林业部公安局联合办学机制，总结、完善与法院、检察院系统合作办学的机制。在学制上继续探索学年制与学分制结合的机制，逐步推行学分制。四是改善与加强成人教育质量管理。通过加强师资队伍的建设，对教学管理干部的培训，使成人教育教师队伍和管理队伍形成梯队，改善专业职称结构。重视发挥老教师和教学管理干部的作用，通过政法成人高教协会组织，试行建立成教咨询委员会，或通过某些返聘形式，将一批优秀的退休老教师和教学管理的领导骨干组织起来，发挥他们在教学中的参与和指导作用，管理中的咨询作用，教材建设中的审定作用，成人教育研究中的积极作用，培养青年教师的“传帮带”作用。

1997 年 1 月，国家教委为肯定成绩，鼓励先进，在各地、各部委评选、推荐的基础上，授予我校“全国成人高等教育评估优秀学校”的称号，在所表彰的 49 所普通高校中名列榜首。国家教委的表彰，充分肯定了我校多年来在成人高教中取得的成果，极大地激励了学校和成教院贯彻国家教委指示，主动适应社会需求，深化改革，勇于探索，努力提高教育质量和办学效益，为提高从业人员的整体素质，促进社会主义两个文明建设，做出更大的贡献。

1997—1998 学年以来，我校成人高教面临一系列新的情况，一方面，党中央做出依法治国，建设社会主义法治国家的战略决策，继后国家又做出了加快高等教育发展的部署，为成人高等法学教育的发展带来了新的发展机遇。另一方面，学校和成教院的管理体制也有重大调整变化，学校由直属司法部管理改为重庆市管理，学校对自考办和自考助学的管理体制也做了一些调整。这些变化，多方面影响制约了我校成人高教的发展，并使成人高教办学面临新的激烈竞争。面对新的情况，成教院坚持与时俱进，深化改革，致力于改进教学管理，全面提高教学质量，并通过调整办学形式与学历层次，使我校成人高教的办学规模和办学效益在近几年来继续取得新的发展。

成教院通过调整领导班子，逐步建立由具有教学和管理经验的年富力强中青年教师组成的能适应今后十年成教办学管理的、新的领导集体。院内的管理机构也按学校调整改革要求，将自考办划归培训中心，成教院教材科并入学校教材科。为强化成教院作为办学实体的职能，近几年来在改进和加强教学管理中，始终坚持把完善函授教育的校外管理与加强校内全日制学生的教育管理结合起来。

第三，为完善函授教育的管理，学院按照国家教委对函授教育评估的要求，制定了函授站评估实施办法，从 1998 年 2 月至 1999 年 6 月，对四川、云南、贵州、重庆四地共 8 个函授站进行了第 2 次评估。这次评估按各站现在的教学设施和管理水平，分行政管理、教育管理、招生工作以及其他工作等四大项 115 个评估指标 148 个评估要素，并综合了 1996 年第一次评估以来各函授站的教学管理业绩，在充分肯定成绩的基础上，总结了函授办学经验，加强了各函授站的交流与协作，制定了改进函授教育管理的措施。我校参与评估的函授站全部合格，其中云南省司法厅函授站、广元市司法局函授分站、成都市司法局函授分站被评为优秀函授站，达到了以评促建，确保函授教育质量的目的。为了保证函授教育质量，学院在日常管理中落实了教学过程的管理，尤其是对考试的管理，主干课都建立了题库，题库的运作和管理也逐步完善，加大了教考分离的力度，进一步健全了巡考制度，每学期由学院派出巡考人员，会同函授站严格考试纪律。为加强与各省（市）司法厅（局）及各函授站的联系与协调，每学年结束，学院均会同函授站总结上一年函授教育。2000 年召开了函授教育总结会，面向 21 世纪，针对函授教育中存在的生源、管理、学费、教师选派、教材、考试、毕业等方面的问题，研究了改进办法。

为适应校内全日制各类办学学生日益增多的新情况，学院加强了校内全日制办学的管理。在建立健全教学管理制度方面，制定了新的全日制学生《学籍管理办法》《课程管理办法》《考试管理办法》以及学习纪律、生活纪律、管理方面的各项规章制度。为把制度管理和加强日常管理结合起来，学院完善了班主任聘任办法，聘请了几十位身体健康有管理工作经验，具有高度责任感的老同志到各年级（班）担任班主任。健全了班主任工作责任制，要求每个教学班的班主任“深入课堂，深入寝室，深入学生活动现场”，建立良好师生关系。在纪律教育中组织学生学习有关规章，对学生上课出勤率进行严格考核，增强学生的组织纪律观念，确保正常教学秩序。在生活管理中也开展了文明寝室评比，实行每周检查，每月评比。

在对校内学生管理中，成教院党总支切实加强了思想政治教育工作，会同学工办把严格管理同素质教育结合起来。为充分发挥党支部的战斗堡垒作用，在全日制本专科（学历班）和应用法学各个年级都建立了学生党支部，开展了党员教育和要求入党积极分子的教育，组织各种形式的教育活动。党总支和学工办还通过大力开展社团活动，培养学生的集体主义观念和成教学生的荣誉感。针对成教院学生与学校全日制本科生相比在思想上有一定自卑感，思想素质差异较大等特点，在鼓励学生刻苦学习的同时，大力组织成教学生积极参与学校组织的各项活动，加强与普通高教本科生、研究生的交流，如组织学生参加演讲比赛、体育比赛、文娱会演；还在每年春季组织成教院学生单独召开运动会，创办成教学生刊物《跨越》。这些活动都取得了较好的效果。广大成教学生积极参与，不仅获得多项奖励，还极大地激发了学生自觉成才的主动性和积极性，有利于培养学生综合素质。

第四，为全面提高成教教育质量，成教院在强化管理同时，加强了以下三个方面的建设。

一是在修订教学计划的基础上，全面更新各科教学大纲，进行新教材建设。1998 年对函授和全日制教学计划进行了修订，使培养目标和课程设置能适应面向 21 世纪依法治国对法制人才的需要，为使教学内容能适应法制建设和法学的新发展，按新编大纲，又组织进行了新一轮的教材建设。

新编的第一批教材包括《宪法学》《民法学》《行政诉讼法学》《经济法学》《证券法学》《合同法学》《国际经济法学》《民事诉讼法学》《劳动法学》9科，2001年上述教材已由人民检察出版社出版。第二批教材《法理学》《国际法》《国际私法》《刑法学》《刑事诉讼法学》《公司法》《税法学》《公证与律师制度》《知识产权法学》《婚姻法与继承法》10科也已经定稿，在2002年初出版。成教院部分教师还被聘请参加了教育部组织编写的全国高等成人教育规划教材《刑事诉讼法》，司法部组织的《经济法概论》《民法原理与实务》《诉讼实务》《刑法原理与实务》《民法案例研究》等规划教材和职教通用教材的编写。

二是加强教师队伍的建设。在稳定专职和兼职教师队伍的基础上，通过培训与进修，提高专职中青年教师的业务能力和综合素质，取得了较好的成效。学院还鼓励20名中青年教师在职攻读硕士和研究生进修班，已有7人取学位，10多人进修班结业，成教院中青年教师90%以上具有研究生学历，在教学中取得较好的教学效果，先后有7人晋升为副教授，教学管理骨干中，研究生也占有一定比例。为稳定和扩大兼职教师队伍，1999年制定了《成人教育学院在函授站所在地聘用函授教育公共课教师暂行办法》，进一步扩宽了成教师资的选择面。

三是加大科研的管理和投入，在学报开辟成教版专栏，以促进教学质量的全面提高。学院制定了《成人教育学院科研管理办法》，在组织教师结合教材建设进行科研的同时，组织了若干课题研究，支持鼓励教师出版学术专著，每年为科研成果颁奖。1999年经申报批准将《法律函授》改为《西南政法大学学报》(成教版)，由原来内部发行的教学辅导资料，改为全国公开发行，兼具教学指导与学术性，增加了刊物的容量，促进了成人高等教育质量的提高。学院还组织专人对成人高教和职业教育进行专题研究，促进了对成教管理规律和开展法学职业教育的研究。

（四）重新调整发展时期（2003年）

1999年，中央做出了扩大普通高校招生规模的决定，全国高校逐年扩大招收普通全日制学生，高考学生入学率大为提高，因此，也就造成参加成教和自考的学生人数急剧下降。1995年《中华人民共和国检察官法》和《中华人民共和国法官法》颁布，这两部法律对入职检察官和法官的条件做出严格要求，高等院校本科毕业成为担任检察官和法官的最低学历要求。这样，进入检察院和法院入职的条件提高了，而司法部门原没有大学文凭的工作人员通过历年参加成教和自考，大多已取得了大学学历，我校成教和自考也逐步失去了来自司法部门的生源。面对成教和自考生源急剧下降的形势，我校又调整了成教发展思路，2003年将成人教育学院更名为继续教育学院，进行办学转型，将办学重点逐步转移到培训教育，扩展干部培训教育。

我校成人教育学院更名为继续教育学院后，将视野从成人教育扩展到了继续教育。“继续教育”与“成人教育”在内涵上存在很大差别。成人教育是普通高等教育的补充，是本科以下层次的学历教育，是公民受教育机会平等理念的表现，强调的是教育的公平性；而继续教育是终身教育思想的体现。进入21世纪后，世界成人教育已进入终身教育时期，继续教育具有广阔的发展前景，社会需求十分旺盛。

本着实现我校继续教育由传统学历教育为主向非学历教育为主转型的指导思想，我校加大了开展培训教育的步伐，一方面，加大了干部培训教育设施的投入，改造了干部培训教室、宿舍楼、食堂等硬件设施，完善了后勤保障服务。另一方面，加大了联合办学力度。积极寻求与全国各地组织部门、司法部门以及其他政府部门联合开展干部培训教育，将干部培训基地挂牌于我校。已有江西省人民检察院、安徽省人民检察院、中共三门峡市委政法委员会、内蒙古包头市法学会等十余家单位相继将其培训基地挂牌于我校或与我校签订合作开展干部培训协议。

在重庆市委组织部、重庆市政法委高度重视与大力支持下，2003年我校被确定为重庆市政法干部培训基地，承担全市政法干部培训任务。2003—2007 年，我校成功举办了 13 期重庆市政法干部培训班，培训学员 3000 余人，为重庆市政法干部队伍的建设做出了贡献。2008 年 5 月，在重庆市委组织部的指导下，在重庆市政法委与我校的精心组织和筹备下，重庆市政法干警现代经济知识专题培训班在我校开办。举办该培训班的目的是为了加强重庆市政法干部的能力建设，培养造就一批适应社会主义市场经济和法制建设所需的司法人才。按照重庆市政法委和我校共同商定的培训计划，该培训班为期五年，每年一期，每期培训时间为 6 个月，培训对象为 50 周岁以下，科级干部以上全市政法系统各部门业务骨干。其培养目标是以现代经济知识为基础，以公、检、法、司法业务部门实际办案为切入点，立足经济知识为办案服务的基本定位，实现受训学员法学知识与现代经济知识的融合，切实提高办理经济案件的能力和水平。

2008 年 9 月，我校与重庆市司法局、重庆市律师协会协商，成立了重庆（西南政法大学）律师学院，目的是为了充分发挥我校作为全国知名政法大学的优势资源，进一步加强和改进律师教育培训工作，培养高素质的律师队伍，促进国家民主与法制建设。该学院由三方合作举办，开创了法学院校与法律实务部门共同培养法律职业人才合作的新模式。律师学院所在地设在我校沙坪坝校区，按照协议和章程，该学院对外称“重庆律师学院”，对内称“西南政法大学律师学院”。学院的决策机构为院务委员会，由三方共同安排相关人员组成。学院实行院务委员会督导下的院长负责制，学院以律师培养为根本任务，开展教学、科研和社会服务活动，重庆市凡未经该学院培训教育的实习律师不能取得律师执照。学院初期以规范和改进重庆市范围内执业律师培训教育活动为目标，探索实践性法律教育的创新途径；中期以建设全国一流、西部领先的律师教育培训机构为目标，争取将培训教育对象扩大至整个西部范围乃至全国；远期以可直接招收、培养具有学历教育的职业律师为目标，力争将“重庆律师学院”建成具有全国知名度的实践性教育品牌。该学院自成立以后除了开展经常性的执业律师培训外，每年重庆市数百名实习律师的培训工作也全部由该学院承担。

经过我校积极争取，2015 年重庆市教委发文（渝教策〔2015〕5 号），决定在我校设立“重庆市中小学法制教育培训中心”。该中心负责培训重庆市中小学法制教育课程任课程教师和法制副校长。同年，我校继续教育学院还成功中标重庆市教委采购的“教育管理干部培训机构”和“网络研修机构”2 个分包，服务期为五年。

2017 年我校开展了培训规范化建设工作，制定《西南政法大学教育培训管理办法》对全校培训工作落实规范管理。该办法明确将全校教育培训工作归口继续教育学院管理，对干部培训举办流程、运行管理程序、教学目标等方面进行了全面规范。通过全校各学院的通力合作和努力，2017 年我校举办干部培训班共计 382 期，培训人数达到 26000 余人。2018 年我校举办干部培训班 500 余期，培训人数 35000 余人。

我校成人教育学院在 2003 年更名为继续教育学院以后，开展成人教育的步伐并未停顿，而是面对成人教育生源变化和下降的情况，学院作了办学思路和措施的调整。由于过去我校函授生源基本来自司法部门，我校原在外所建函授站都是与当地司法局合作，鉴于函授学生在司法部门的生源已经枯竭，而基本转变为非司法部门的社会考生，我校函授教育将原与地方司法局合作逐步改变为与办学机构合作，以利于组织招生和开展教学。同时对于原建函授站也进行了撤并，并且对新老函授站加强了教学质量监控，每年都对各函授站进行教学质量检查，定期组织相关工作人员进行业务学习和培训，通过一系列的改革措施，我校函授教育得以继续开展和稳固。2017 年我校函授教育在校生仍达 2000 余人，并且其办学规模还呈现扩大之势。

我校成教院在 2003 年改为继续教育学院后，对于自考教育也仍然坚持举办。由于普通高校和高职院校的扩招，同样也造成了自考助学教育招生的困境，其生源严重萎缩。但自学考试仍然具有强大的生命力。自学考试在我国各类教育形式中，因其具有自学成才，学习安排灵活，适应者广泛等特点，显示了其不可替代的作用。即使是已经获得高等教育学历证书的人也需要继续学习，终身学习，因此自考教育作为终身教育的一种教育形式，是不可或缺的。基于此认识，面对自考生源严重下降的情况，学院仍保持了办学信心，并采取了一系列措施，以保证自考助学教育的稳定发展。一是积极探索举办自考实验班，不断完善实验班教学，以实验班品牌吸引生源。在2015年还探索举办了“卓越律师人才班”，该班是一种全新的人才教育培养模式。“卓越律师人才班”改变了以法学专业理论教学为主的传统教育模式，采取“课堂学习、实务训练、律师事务的实训”相结合的实践教育，并实行“1+1”双导师制，引入法律硕士培养机制，为每名学生配备一名学校的专职教师为导师，还为其增加一名执业律师为实务导师。这样不仅使学生可以学好法学理论知识，而且也能学到律师执业技能。学生在学校学习过程中还可以在实务导师的指导下，参与具体案件的办理。二是加强招生宣传。通过各种媒体，以各种方式面向社会广泛宣传我校的优势和自考办学的特点，吸引更多优质的自考生。为了更好地宣传我校自考教育，我校还专门建立了自考网站。三是改进服务，树立品牌意识，确保办学质量。为保证考生“进得来，留得住，学得好，学得精”，要求教师和管理干部以及后勤工作人员都必须将过去传统的管理意识提升为服务意识，在自考办学的各个工作环节，都要树立以“学生为本”的思想，处处为考生着想，改进服务态度，提高服务质量。要以优良教学和管理质量，维护和提高我校的自考办学品牌，从而实现我校自考助学教育的稳固发展。

二、我校开展法学继续教育的经验总结

我校开展法学继续教育，从学校建立时即已开始，距今已走过了近70年的历程。回顾我校开展法学继续教育的历程，总结起来主要有以下几点基本经验。

（一）坚持正确的办学方向，追求社会效益与经济效益相统一

办学方向的正确与否，直接关系到学校的生存与发展。一个学校的办学方向不明或不正确，不仅有碍其发展，甚至会导致其不能生存。因此，办学方向问题至关重要，是必须考虑的首要问题。我们是

社会主义国家的学校，办学宗旨是为我国社会主义建设事业培养人才，学校的一切工作都必须以为国家培养合格人才为中心而展开，应当以培养社会主义事业建设者为己任，必须把社会效益放在首位，切忌片面追求经济效益。我校在开展法学继续教育近 70 年的历程中，在办学方向问题上始终是十分重视的，坚持了正确的政治方向，坚持以社会效益与经济效益统一。正因如此，我校所开展的法学继续教育才得以不断发展，取得了骄人的成绩。其实，社会效益与经济效益是相辅相成的，如果不注重社会效益，不仅不符合学校的办学宗旨，而且也直接影响经济效益。不追求社会效益的办学，不讲究办学质量，不注重办学品牌，一味追求经济效益，其结果由于不为社会所认可，因而缺乏吸引力，其办学的经济效益也是不可能好的，在注重社会效益的同时，当然也应当注重经济效益。开展法学继续教育，不讲求经济效益，是难以为继的，有好的经济效益也才能积累财力，才能有更多的财力投入办学，创造更大的社会效益。

（二）把握社会需求，适时调整办学思路

一个企业的产品必须对路，才能适销。以销定产，这是一个企业必须遵循的基本法则。如果企业的产品不符合消费者需要，难以销售，就没有出路。学校办学与企业生产经营产品同理，都必须考虑社会需求。如果不考虑社会需求，不研究社会需求，盲目办学，也是没有出路的。我校开展法学继续教育，之所以能够不断发展，其中一个重要原因就在于我校能够不断把握社会需求，根据形势的发展变化，适时调整办学思路，采取相应的措施。在 20 世纪 50 年代初，根据中华人民共和国建立初期，急需大批干部的情况，我校开展了大规模的干部培训。我校前身叫西南革大，就是应中华人民共和国成立之初急需大批干部而成立的临时大学，西南革大为西南地区的新中国建设培训了大批革命干部。我校在 1953 年成立西南政法学院后，根据当时政法学院干部业务能力普遍不能完全适应工作需要的情况，专门成立了干部轮训部，负责政法系统在职干部的培训。“文革”十年，我校停办了干部轮训，1977 年我校复办了干部轮训。我校恢复招生后，

1980 年，根据大量的在职人员和非在职人员要参加成人高考，以取得大学学历的需求，我校又适时成立了函授部招收成人考生，举办法律函授教育。1984 年，为适应社会需求，我校又开始办起了自考助学教育。我校初始办函授、自考教育，招收的是专科，继后又根据社会需求招收了本科生。我校的法律函授教育与自考助学教育非常受考生欢迎，学生纷至沓来，在校生常年超过 1 万余名。由于 2000 年普通高校大规模扩招，我校成教与自考教育逐渐萎缩。面对普通高校的连续扩招而引起成人教育自考的生源严重下降的形势，2003 年我校又将成人教育学院改为继续教育学院，在努力稳定发展成人教育与自考教育的同时，将工作重心逐步转移到培训教育上来，提出了将以往以学历教育为主，转向以非学历教育为主的新的办学思路，在培训教育上加大了工作力度，专门成立了培训中心，继后还将培训中心改为了培训学院。通过采取一系列有效措施，我校培训教育规模逐年扩大，其经济效益也随之大为提高。开展法学继续教育，要审时度势，把握社会需求，适时调整办学思路，才能抓住机遇，不断开创新的局面。如果因循守旧，不能根据形势发展变化而主动适应社会需求的改变，没有开拓创新精神，办学路子就会越来越窄，最后无法前行。

（三）强化组织领导，全校上下齐心协力

开展继续教育办学是一个系统工程，其中涉及招生录取、教学教务、学生管理、治安保卫、财务、后勤等，任何一个环节都不可或缺，也不能出现问题。要保证继续教育办学的顺利推进，需要学校的统一指挥和协调，也需要各学院和各职能部门的通力配合和支持。如果没有强有力的组织领导，没有全校上下各方面的齐心协力，继续教育办学是不可能办好的，甚至难以为继。我校开展法学继续教育近 70 年，一直以来，学校对此工作都较为重视，将继续教育纳入学校的整体规划，在不同阶段都组建了相应的专门机构具体负责办学。20 世纪 50 年代初成立了轮训部，1959 年改为干训部，1980 年组建了函授部，1987 年组建了成人教育部，2003 年又改建成继续教育学院。我校开展法学继续教育的每一阶段都设有专门机构具体负责，统一管

理，避免了办学的混乱现象，有利于整合学校的办学资源。我校在开展继续教育办学过程中，也切实得到了全校各部门、各学院的大力支持。教学部门提供师资，后勤单位解决食住行问题，保卫部门负责安全保障等，各部门、各单位都将此作为自己的职责而认真完成。我校开展法学继续教育之所以能够不断取得骄人的成绩，离不开学校党政领导的重视和全校上下的齐心协力。

（四）以质量求生存，以质量求发展

质量是生命线，质量是第一位的。企业产品是这样的，学校办学同样如此。企业产品没有质量，不能满足消费者需求，不能得到社会认可，是无法销售出去的，只有死路一条。学院办学不讲教学质量，不能适应社会的需要，是招不到学员的，即使招进了学员也是留不住的。因此，开展法学继续教育办学，一定要讲究教学质量，任何时候都不可忽视。我校开展法学继续教学，一直以来都非常注重教学质量，把办学质量放在首位，在办学过程中总是选派优秀教师，严把师资关。在一段时间，根据需求还专门组建了开展法学继续教育的专职教师队伍。目前已建成了开展法学继续教育的师资库，在安排教学时，根据不同就读学员的课程需求，从师资库中遴选适合的教师任课。为保证教学质量，除精选任课教师外，还十分注重教学计划的周密安排以及教材的选用。为了更好地适合教学需要，还曾专门组织编写了一整套成教教材和自考教材，并对教材不断进行修订和更新。正是由于我校长期不懈狠抓教学质量，所以我校的法学继续教育赢得社会广泛好评，也因此获得不少荣誉。1992 年被国家教委评为全国普通高等学校成人教育先进单位，被司法部评为 10 年函授教育先进单位。在 1996 年司法部部属院校函授、夜大教学评估中，我校函授、夜大双双名列第一。在 1997 年教育部表彰的全国高校成人教育教学评估优秀学校中名列榜首。此外，我校还历次被四川省和重庆市评为自考先进主考院校，多次被国家自考委评为全国 10 年、15 年先进主考学校，荣获“全国高等教育自学考试 25 周年先进集体”“全国高等教育自学考试 25 周年先进助学单位”“全国高等教育自学考试 25 周

年优秀考点”三个奖项。我校在今后的法学继续教育办学中，也应一如既往狠抓教学质量，任何时候都不可松懈，要以质量求生存，以质量求发展，坚持以质量创品牌，以质量出效益。

（五）管理规范化，以管理出效率，以管理出效益

开展法学继续教育是一个庞杂的系统工程，从进口到出口，涉及诸多环节，每一环节之间必须紧密相扣，相关部门和工作人员必须密切协作，才能顺利推进。因此，加强组织管理，建立健全规章制度，把每项工作任务落实到人头，推行责任制，才可能避免和减少工作中出现误差。我校开展法学继续教育，近 70 年以来一直实行规范化管理，重视制度化建设，在办学的每一个环节都建立起了一套比较系统而完善的管理规章制度，并根据工作的需要不时进行修订、补充。这些规章制度涵盖了办学各环节的方方面面，无论学员，还是教师和学生管理干部以及后勤工作人员均有相关的规章制度约束行为规范的。严格管理、工作有序、奖惩结合，才能调动学员学习积极性，教师职工工作积极性。如果缺乏严格的组织纪律，管理松弛，难免形成工作混乱，工作推进效率差的状况。管理科学化、制度化，以管理出效率，以管理出效益，这是我校法学继续教育学院办学的成功经验。我校今后开展法学继续教育办学，仍然应当继续保持对管理规范的重视，加强规章制度的建设，推行严格的工作责任制，以确保各项工作的高质量、高效率，以创造更大的社会效益和经济效益。

（六）注重对外合作办学，充分利用校外办学资源

我校开展法学继续教育办学近 70 年以来，对外合作从未间断过。在 20 世纪 50 年代，我校举办对政法干部的培训教育时，就与各地政法部门开展合作，保证了大批学员输送进我校进行培训。20 世纪 80 年代初，我校开始了大规模的成人教育办学，因当时主要任务是招收政法系统的在职干警，所以我校就与各地司法局开展了办学合作，将函授站建在各地司法局。高峰时期，我校在各地司法局所建函授站（点）20 余个，这为保证我校函授招生和教学的顺利进行发挥了很大

作用。函授站建在学员当地，便于学员就近上课学习，当地司法局熟悉本地情况，有利于开展招生宣传。由于近些年政法系统在职干警已不再需要参加成教学习，我校与各地司法局所建函授站（点）才慢慢开始收缩，我校转而寻找与各地办学机构合作，开展联合办学。2003年，我校将成人教育学院更名为继续教育学院后，鉴于成教、自考生源连年下降，我校又将发展目光重点投向非学历教育的培训教育上来，着力扩展干部培训教育，开展干部培训教育更需要与相关单位合作，通过合作才能保证相关单位将本单位所需培训人员送入我校。近些年，我校干部培训发展迅速，办学规模日益扩大，办学收益逐年提高，主要的原因之一就是我校加强了对外开展培训教育的宣传力度，加强了与各地组织部门、法院、检察院及政府各部门之间的联系与合作，积极争取将培训单位的干部培训放在我校进行，将干部培训基地落户我校。大力发展培训教育是我校法学继续教育的发展方向，为保证我校法学继续教育不断发展推进，我校仍需努力加强与校外相关单位的沟通，加强对外合作办学，努力争取相关单位对我校干部培训教育的认同。我们应充分认识，如果没有各地相关单位的支持和合作，开展干部培训教育就会成无米之炊的状况。只有不断加强与各地相关单位的合作，才能保证我校开展干部培训教育的生源得到保障。

第二章　新时代法学继续教育发展前景与挑战

一、新时代法学继续教育发展前景

（一）依法治国亟须大力发展法学继续教育

1. 依法治国的重大意义

党的十八大以来，以习近平同志为核心的党中央从坚持和发展中国特色社会主义全局出发，从实现国家治理体系和治理能力现代化的高度提出了全面依法治国这一重大战略部署。党的十八届四中全会通过了《中国共产党关于全面推进依法治国若干重大问题的决定》，该决定明确指出，依法治国，是坚持和发展中国特色社会主义的本质要求和重要保障，是实现国家治理体系和治理能力现代化的必然要求，事关我们党执政兴国，事关人民幸福安康，事关党和国家长治久安。全面建成小康社会，实现中华民族伟大复兴的中国梦，全面深化改革，完善和发展中国特色社会主义制度，提高党的执政能力和执政水平，必须全面推进依法治国。决定还指出，我国正处于社会主义初级阶段，全面建成小康社会进入决定性阶段，改革进入攻坚期和深水区，国际形势复杂多变，我们党面对的改革发展稳定任务之重前所未有、矛盾风险挑战之多前所未有，依法治国在党和国家工作全局中的地位更加突出、作用更加重大。面对新形势新任务，我们党要更好统筹国内国际两个大局，更好维护和运用我国发展的重要战略机遇期，更好统筹社会力量、平衡社会利益、调节社会关系、规范社会行为，使我国社会在深刻变革中既生机勃勃又井然有序，实现经济发展、政治清明、文化昌盛、社会公正、生态良好，实现我国和平发展的战略目标，必须更好发挥法治的引领和规范作用。

党的十九大报告做出了一个非常重要的论断，即“中国特色社会主义进入新时代”。报告指出，经过长期努力，中国特色社会主义进入了新时代，这是我国发展新的历史方位。报告再次强调，坚持全面依法治国。全面依法治国是中国特色社会主义的本质要求和重要保障。要坚定不移走中国特色社会主义法治道路。不仅如此，党的十九大报告还对今后一个时期的法治建设做出了一系列的安排。党的十九大报告把坚持全面依法治国作为一项基本方略，要求全党必须全面贯彻，可见依法治国在新时代具有更加重大意义。依法治国必将是我们党和国家要长期坚持下去的战略决策。只有长期坚持全面依法治国，才能保障人民民主，保障人民幸福安康，保障党和国家长治久安。这是长期以来，特别是党的十一届三中全会以来，我们党深刻总结我国社会主义法治建设的成功经验和深刻教训。法治兴则中国兴，法治强则中国强。我们将在建设法治中国的道路上不断迈进，法治中国的建设将不断推进。

2. 法学继续教育为依法治国的庞大专业队伍提升能力和水平

我国的依法治国是要求全面依法治国，而实现这个目标，首先需要加强立法、完善立法，最关键的是要建立一个适应全面依法治国所需的司法执法队伍。全面依法治国，意味着我们国家方方面面都要讲法治，不仅法院、检察院等司法机关要严格依法办事，而且所有政府机关、企业事业单位等也要严格依法办事，因而不仅仅是法院、检察院等司法机关需要强化司法队伍的建设，而且各级政府部门也需要加强行政执法队伍的建设，企业事业单位等也需配备相应的法务工作人员。这样，法律职业队伍必然是一个数量庞大的队伍。这支队伍不仅人数多而规模庞大，而且专业素质要求高，其能力和水平必须不断提升，才能适应全面依法治国的需要，才能真正实现依法治国的目标。

我国现已推行法律职业资格考试，必须考试通过，才能取得从事法律职业的资格。该考试要求报考的主要条件之一是在高等院校全日制法律专业本科毕业，这就意味着我国法律职业人才主要由普通高等院校所设的全日制法律专业培养和输送，以保证法律职业专门人才的质量。今后，非普通高校全日制法律专业毕业生将不能报考法律职业资格考试，法学继续教育所包含的成人法学教育和自考法学教育所培养毕业的学生没有资格报考法律职业资格考试。严格法律职业资格考试的报考条件，提高法律职业入职门槛，是为确保法律职业人才的专业素质的需要，是适应我国全面依法治国的需要。当然，这里不是说成人法学教育和自考法学教育就没有出路，没有继续办下去的必要。在全面依法治国的大背景下，各行各业的各单位也需要掌握法学知识的工作人员，有大量法务工作需要处理，虽然成教和自考法学毕业生不能参加法律职业资格考试，但同样可以从事各行各业各单位的法务工作，并且这方面的法务工作人员的社会需求量是巨大的。

为保证法律职业从事人员的专业素质，我国已确定法律职业人才由普通高校全日制法律专业培养。但是，这并不意味着普通高校全日制法律专业毕业生入职法律职业后就无须继续学习，即能一直适应法律职业的工作需要。其实，在普通高校全日制法律专业毕业，仅仅意味着可能达到了入职法律职业的基本条件，而真正要保持适应法律职业的工作，还需要不断学习，接受继续教育，才能不断提高工作能力和水平。我们知道，法律虽有一定的稳定性，但必须随着社会情况的变化而作相应的更新，尤其是我国处在由计划经济向市场经济转型的时期，为适应市场经济发展的需要，我国制定和颁布新法，并不断修订旧法，从事法律职业的人员需要及时学习研究。随着法学研究的不断推进，法学研究的成果也不断呈现，法律职业工作人员也需不断从中吸取营养。也就是说，已经从事法律职业的人，需要不断更新知识，不断学习，不断提高业务能力，才能胜任工作，否则，自然就会被淘汰。正是基于这种需要，法学继续教育具有长盛不衰的生命力。法学继续教育对不断更新法律职业工作者的知识，满足法律职业工作者的学习需要，提升法律职业工作者的能力和水平具有存在的价值，具有普通高校的法学学历教育不可替代的重要作用。

法学继续教育所面对的受教对象不仅有法官、检察官、公安干警、公证员、仲裁员、律师等法律职业工作者，而且还有各级政府各部门的执法人员，企事业单位法务工作者等，其教育面非常广泛，其教育对象人数是非常多的。法学继续教育有着广泛的社会需求，并且随着我国全面依法治国的稳步推进，这种社会需求还日益旺盛，亟须大力发展，才能适应全面依法治国推进的需要。

（二）大力发展法学继续教育是公民学法用法的需要

1. 树立终身学习的理念，增强公民参加法学继续教育学习的意愿

进入 21 世纪以后，人们对终身学习的理念日益了解和树立。在知识经济时代，谁掌握的知识多，更新的知识快，谁才能在社会大潮中站稳脚跟。任何一个个体的能力和存在的价值及在社会能获取的利益，终将取决于他获取、运用和创造知识的能力，而这种能力不是由几年的学校学历教育就能完成的，只有通过接受继续教育与终身教育，才能使我们的思想、意识、知识始终与时代发展相适应。因此，不断学习将成为社会个体自下而上的先决条件和发展的有效工具，成为增强自身竞争力的关键因素。随着人们对此认识的逐步提高，终身学习理念逐步深入人心，人们对参加继续教育学习会愈加主动和积极，继续教育的这种社会需求也随之会愈加旺盛。法学继续教育是继续教育中一种，自然也会随社会需求呈现日益旺盛的局面。

2. 由于工作和生活需要法律知识，人们参加法学继续教育学习的热情增长

在全面依法治国的大背景下，在依法办事的今天，人们不论从事何种工作，从事何种行业，即使是日常生活中，都需要了解和掌握一定的法律知识，才能更好地维护自己的合法权益。掌握了法律知识，才能利用法律武器捍卫自身利益，一个人学习掌握的法律知识越多对自己越有利，法律是保护公民权益的利器。缺乏法律知识者，难免上当受骗，权益受损。随着人们权利意识的提高，法律意识的提高，对

于掌握法律知识重要性认识的提高，人们学习法律知识的热情增长，自觉主动地加入法学继续教育学习。这是一种发展趋势，法学继续教育在此方面的需求也会越来越大。法学继续教育具有灵活的学习形式，也适合大众学习需要，因此，其发展前景更为广阔。

（三）大力发展法学继续教育得到国家重视和支持

随着终身学习理念逐步深入人心，形成学习型社会的重要性已为人们广泛认同，我们国家对发展继续教育也愈加重视，并予大力支持。《2010—2020国家中长期教育改革和发展规划纲要》对继续教育做出了明确规定，提出要“加快发展继续教育”“建立健全继续教育体制机制”“构建灵活开放的终身教育体系”“促进各级各类教育纵向衔接、横向沟通，提供多次选择机会，满足个人多样化的学习和发展需要。健全宽进严出的学习制度，办好开放大学，改革和完善高等教育自学考试制度。建立继续教育学分累计与转换制度，实现不同类型学习成果的互认和衔接”等。同时，该纲要还将开展继续教育列为高等学校的重要任务之一，使开展继续教育成为高等学校义不容辞的职责。法学继续教育是继续教育的一个学科分类，是继续教育的有机组成部分。国家对继续教育的重视和支持，当然涵盖法学继续教育。得到国家的重视和政策支持，法学继续教育必然能够顺利发展，其发展道路也会越来越广阔。

二、新时代法学继续教育发展面临的挑战

（一）新时代对开展法学继续教育提出了更高要求

党的十九大报告提出了中国特色社会主义进入新时代的重大判断。党的十九大报告指出，这个新时代，是承前启后、继往开来、在新的历史条件下继续夺取中国特色社会主义伟大胜利的时代，是决胜全面建成小康社会、进而全面建设社会主义现代化强国的时代，是全国各族人民团结奋斗，不断创造美好生活，逐步实现全体人民共同富裕的时代，是全体中华儿女勠力同心奋力实现中华民族伟大复兴中国

梦的时代，是我国日益走近世界舞台中央，不断为人类做出更大贡献的时代。党的十九大报告还指出，中国特色社会主义进入新时代，我国社会主要矛盾已经转化为人民日益增长的美好生活需要和不平衡不充分的发展之间的矛盾。我国稳定解决了十几亿人的温饱问题，总体上实现小康，不久将全面建成小康社会，人民美好生活需要日益广泛，不仅对物质文化生活提出了更高要求，而且在民主、法治、公平、正义、安全、环境等方面的要求日益增长。同时，我国社会生产力水平总体上显著提高，社会生产能力在很多方面进入世界前列，更加突出的问题是发展不平衡不充分，这已经成为满足人民日益增长的美好生活需要的主要制约因素。必须认识到，我国社会主要矛盾的变化是关系全局的历史性变化，对党和国家工作提出了许多新要求。我们要在继续推动发展的基础上，着力解决好发展不平衡不充分问题，大力提升发展质量和效益，更好满足人民在经济、政治、文化、社会、生态等方面日益增长的需要，更好推动人的全面发展、社会全面进步。党的十九大报告中的上述论断和阐述，表明我国社会已经发生了巨大而深刻的变化，我国总体上已经实现了小康，社会需求已经提高了一个层次并提出了新的更高的要求。

就法学继续教育来说，其面临的形势也确实发生了很大的变化。过去法学继续教育主要着力于开展学历教育，举办成人教育、自考助学教育等，但随着社会的发展，普通高等教育的发展，普通高校的连年扩招，市场需求已经上升了一个层次，成教、自考生源已经呈现出下降的趋势，法学继续教育中低层次的学历教育已经没有多少市场需求，需要将专科、本科教育提升到研究生教育，才能满足社会更高的教育需求。

一方面，法学继续教育应当将过去着力开展专科、本科学历教育转向着力开展研究生学历教育；另一方面，还应将发展目标重点转向非学历教育的培训教育，尤其是干部培训教育。培训教育的市场需求随着社会经济文化的发展将会越来越大，干部培训教育市场的需求也会日益扩大。培训教育市场、干部培训教育市场将增长，但其要求也会提高。人们的学历层次文化水平逐渐提高，当然人们所要求其接受的培训教育也需相应提高，低档次的培训教育无法满足人们已经变化了的高要求的培训教育需求。具体来看，法学继续教育中的干部培训，其要求就与以前有很大的不同。过去参加培训的干部学员大多没有大学学历，培训要求主要是充实业务知识，增加专业知识，而现在由于非具有大学学历以上者进入不了法官、检察官等法律职业队伍，进入不了公务员队伍，进入不了事业单位干部队伍，因此前来参加培训的干部学员都已经具备了大学学历，是科班出身，他们来参加培训并非要求补充一般专业知识，而是要求在原专业知识的基础上更新知识，提升能力和水平。参培者的要求提高了，相应也就增大了培训举办者的办学难度。培训举办者必须加快自身的办学能力建设，提升办学质量，提升培训教育层次。开展法学继续教育者如果对法学继续教育所面临的形势变化缺乏清醒的认识，不注重转变办学思路，不注重加快自身办学能力建设，不提升教学质量，不提高教学水平，就不能适应法学继续教育市场变化的需求，其办学不仅难以发展，甚至难以为继，最后只能关门。新时代对开展法学继续教育提出了新的更高要求，对此，我们必须要有足够的认识，并争取相应措施，才能迎接形势变化的挑战，才能取得新的更好的成绩。

（二）新时代开展法学继续教育面临激烈的市场竞争

我国进入改革开放新时代，随着我国社会经济的快速发展，国家加大了教育投入，我国教育也得到空前的发展，尤其是高等教育发展迅猛，许多普通高校都在不断扩张，不仅仅是学校办学规模扩大，而且所办学科专业也在扩大，特别是法学专业出现了“遍地开花”的状况。我国举办法学专业的传统高校是“五院四系”，“五院”即北京政法学院、西南政法学院、华东政法学院、中南政法学院、西北政法学院。“四系”即北京大学法律系、中国人民大学法律系、武汉大学法律系、吉林大学法律系。过去除了“五院四系”，几乎没有其他高校举办法学专业。而现在不仅“五院四系”仍存续，只是有所更名或合并，而且各综合类大学也都办起了法学专业，许多理工科高校也办起了法学专业。目前，全国举办有法学专业的高校达数百所。一段时期，全国高校出现创办法学专业的热潮，这主要是我国兴起了法治建设热潮。全国掀起法学热，这是好事，有利于推动我国依法治国的进程，但是，如此众多的高校举办法学专业，必然在法学教育市场会形成激烈竞争的局面。

从法学继续教育来说，高校之间的市场竞争会更为激烈。因为普通高校的招生有国家指令性计划的限制，其录取考生名额不得突破国家计划指标。而法学继续教育中除成人学历教育有国家招生计划外，其他没有国家计划严格限制，而接受法学继续教育者也完全是依据自己意愿选择何地何校参加学习。由于众多的高校举办法学继续教育，所以该教育市场也发生了巨大的变化，在法学培训教育市场，各高校所争得的份额如何，其成效如何，主要是“八仙过海，各显神通”，靠自己的努力。这种自由竞争的局面自然是激烈的。法学继续教育市场的自由竞争，不仅已经形成，而且还会持续下去。自由竞争才会优胜劣汰，才能更好地满足社会需求。国家也不会干涉合理的自由竞争，相反会支持合理竞争。新时代开展法学继续教育面临的是激烈的市场竞争，对此，我们也要有清醒的认识，要有充分的思想准备和行动准备，不能有懒汉思想，不能有“坐等送米下锅”的作风。各高校在法学继续教育市场的激烈竞争中，要立于不败之地，求得发展，创造佳绩，必须依靠自身的不断努力。面对激烈的市场竞争，首先，需要加强自身建设。“打铁还需自身硬”，这是一个基本道理。这里的自身建设包括硬件建设和软件建设，二者不可偏废。只有通过不断加强自身建设，才能不断提高自身的竞争能力。其次，需要增强工作主动性。要注重市场调查研究，把握市场需求。要培育市场所需的“教育产品”，扩大宣传力度，主动上门提供服务，打开培训路子。这样才能争取到更多的培训市场份额。再者，开展法学继续教育的各高校，要善于发挥自己的优势，不同的高校都会有各自的优势，如专业优势、硬件优势、地理位置优势等。各高校应当注意分析自己的优势，充分利用自己的优势去展开竞争，这样才能找出适合自己发展的方向和路径，在市场竞争中取得丰硕成果。

第三章　目前我校法学继续教育存在的困难和问题

一、学历继续教育办学规模急剧萎缩

我校学历继续教育办学的黄金时间为 20 世纪 90 年代。我校举办的学历继续教育包括自考助学及成人高等教育，当时的自考助学学生规模达 1 万余人，成人高等教育学生规模达 6000 余人，校外函授站点多达 30 余个，主要设置在川、渝、云、贵等省市的各级司法厅局。

受国家相关政策影响，从 21 世纪初开始，我校的学历继续教育办学规模逐步减少，学生人数逐年递减。随着网络教育、开放大学等新办学形式的兴起，加之国家最近几年相继出台了更多影响学历继续教育办学的政策，我校的学历继续教育办学规模急剧萎缩，学生人数大幅度减少，学校现有自考助学班学生及成人高等教育学生共计 700 余人。同时，因函授站点学生人数减少导致办学成本增加，许多函授站撤销函授站点并停止办学。我校现存函授站点仅仅 4 个。

造成我校学历继续教育办学规模急剧萎缩，有如下几个原因。

（一）我校学历继续教育受普通高校扩招冲击

自 1999 年以来，我国普通高校连年扩招，对作为高等教育的一部分的学历继续教育产生了较大影响，对学历继续教育的发展提出了严峻挑战。

由于普通高校扩招，高考录取新生比例大幅度提高，原来不能上普通高校而只能选择读自考、成教的高中毕业生，获得了更多进普通高校学习的机会。因就读普通高校的机会增大，很多落榜应届高中毕业生会选择复读重考，进一步减少了学历继续教育生源。一部分应届高中毕业生为了保险起见，同时报名成人高考和普通高考，被成人高校和普通高校同时录取后，往往会放弃成人高校，而选择普通高校，导致成人高校报到率降低，进一步导致学历继续教育生源减少。

普通高校扩招同时对学历继续教育生源的质量产生较大影响，并导致社会对学历继续教育的认可度大大降低，进而影响学历继续教育的招生。由于普通高校扩招，普通高中生报考学历继续教育的比例越来越少，现其主要生源是技校、中专、高职的毕业生、社会青年，这些学生文化基础相对较差，甚至有些基础课程根本就没有学过。以上因素都使得学历继续教育学生的生源质量和素质比以往下降许多，导致学历继续教育毕业生整体水平较低，毕业后不能很好地胜任岗位工作，使社会对学历继续教育文凭认可度降低，进而降低了考生报读学历继续教育的意愿。

（二）我校学历继续教育受国家统一法律职业资格考试报名条件影响

司法部于 2018 年 4 月 28 日发布《国家统一法律职业资格考试实施办法》，明确规定了报考条件。与之前的国家司法考试报名资格不同的是，办法取消了非全日制法学本科及专升本、非法学专业的报名资格，使成人教育、自学考试、电大、函授教育等取得的法学本科或兼有法学学士学位的同学均被关在门外，望考兴叹。

大部分学生报读我校学历继续教育，其主要目的就是毕业后参加国家法律职业资格考试。根据办法限定的报考条件，我校的学历继续教育毕业生不能参加考试，这给我校成人高等教育及高等自学考试的招生造成了极大的影响。2018 年，我校自考助学及成教招生人数较之 2017 年大幅缩减。

（三）我校学历继续教育受国家停办成人高等教育专科的政策影响

我校学历继续教育的自考助学和成人高等教育，其招生层次有专科、专升本科，每年招收新生中，专科占比为60%，专升本占比为40%。

教育部于2016年印发了《教育部关于印发〈高等学历继续教育专业设置管理办法〉的通知》（教职成〔2016〕7号），通知明确规定“普通本科高校、高等职业学校须在本校已开设的全日制教育本、专科专业范围内设置高等学历继续教育本、专科专业……”而我校作为普通本科高校，所开设的全日制教育专业均为本科，未开设全日制教育专科专业，根据教育部文件规定，我校学历继续教育从2017年开始就不允许招收专科层次学生。学校学历继续教育人数占比60%的专科生源立即丢失，对我校学历继续教育办学规模造成很大的影响。

二、学历继续教育就业面较窄

我校是政法类的文科高校，学校举办的学历继续教育以法学专业为主，开设有法学、行政管理、会计学、金融学等相关专业，但学生主要集中在法学专业，该专业学生占在册人数的80%以上。

法学专业的毕业生，较为理想的就业方向为法院、检察院、公安系统。除此之外，从事律师职业也是部分毕业生心仪的选择。以上这几个就业渠道，入职的前提条件是必须通过法律职业资格考试，而《国家统一法律职业资格考试实施办法》限制继续教育学生报考，对我校法学继续教育招生带来很大冲击。

三、学历继续教育学生“工学矛盾”突出

“工学矛盾”，是指工作时间和学习时间发生冲突与矛盾，它是在社会发展对劳动者的知识与能力提出更高要求的背景下产生的，是社会发展进步过程中出现的新问题。

我校的学历继续教育学生，绝大多数入校时已是在职人员，在参加单位工作的同时，还需要参加学校的课程学习，“工学矛盾”问题尤为突出。学生处于遵守单位上班纪律和学校上课纪律的两难之时，往往选择放弃学习。“工学矛盾”严重影响了考生报考我校的意愿，进而影响我校学历继续教育办学的发展规模。“工学矛盾”造成上课到勤率较低，严重影响了教学质量和教学效果，给校方教学管理带来诸多困难。

四、师资队伍建设不适应教学要求

师资是办学的基础，也是人才开发和培养的主力军。更好地加强继续教育师资队伍的建设，不仅是继续教育本身的需要，也是提高学校整体的办学水平，做大做强学校继续教育的基础。我校继续教育的对象主要是在职人员，与普通全日制教育相比，继续教育在培养目标、培养要求、专业设置，教学内容、办学形式、师资要求等定位方面应该有特色区别。继续教育需要一支德才兼备、素质优良、结构合理、高效精干的“双师型”教师队伍，更是其“突出重围”的核心竞争力。

我校继续教育由学校继续教育学院举办，学院现已无专门的教师队伍，学历继续教育的师资均为在校内外聘请的，教育培训的师资也是从校内及周边高校、相关实务部门聘请，但总体来说，校内外名师、校外实务部门骨干专家所占比例还不是很高。

从我们现有从事学历继续教育的教师队伍看，主要是退休或即将退休的教师，或刚刚参加工作的年轻教师。退休或即将退休的老教师，他们虽然教学经验丰富，但学历水平普遍不高，从另外一个角度来讲他们缺少最新的教学理论知识；而刚刚参加工作的年轻教师，他们虽然学历较高以及具备新的知识结构体系，但是教学经验却有限。

从我们现有的从事教育培训的师资队伍看，大多数教师自身的知识结构体系较为完整，但仍有小部分教师具有的实务部门工作经验较少，在课堂讲授中的理论与实践相结合度不很高。

五、教学管理队伍建设有待加强

市场化的教育培训，处于激烈的竞争中，而各教育培训机构背后的竞争实际上就是人才管理体制和人才竞争机制的竞争。

随着社会经济的发展、产业结构调整等因素，人才市场的供求是一个动态的过程，是在不断变化中的。因此，对服务于各级人才需求的培训而言，也必须是不断修正的，必须和市场上人才需求的变化相一致。只有实行市场化运作机制，培训机构才能游刃有余，不断开发新的培训项目，以作为人才需求的配套供应。高校培训机构，除了具备一流师资、一流的硬件设施，更为重要的是需要配备一支一流的教育管理队伍。管理人员必须具有灵敏的市场嗅觉，及时洞察到市场上人才供求的变化，才不会被市场激烈的竞争所淘汰。

我校继续教育学院为举办学历继续教育及教育培训的机构，在编在岗人员 18 名，社会化用工人员 40 名。在编在岗人员，整体年龄偏大、市场化管理经验较少，社会化用工人员，整体年轻化、工作经验不足、专业技能欠缺。因此，教学管理队伍建设有待加强。

六、教育培训市场化运作手段欠缺

20 世纪 90 年代，我国的计划经济和大锅饭被打破，市场经济为我国国民经济发展注入了活力。20 多年来，企业、个人、外资纷纷进入教育培训领域，各类培训学校如雨后春笋，这为教育培训带来活力和推动力，同时带来了极大的竞争力。高校作为社会人才培训主力军，随着教育改革的深化，教育培训已列入教育产业。产业化的培训工作就必须走市场化的道路，进行市场化运作。

当前，中国教育培训市场中，成教、职教产业开发相对成熟和充分，但竞争也日趋激烈。高校举办的继续教育特别是教育培训，如不运用市场化手段进行市场化运作，必将被激烈竞争的培训市场湮没。

目前，我校教育培训在吃、住、行等方面已采取市场化运作方式，但在培训项目开发，市场开拓、质量管控等方面，还需加大市场化运作力度，引入专业服务团队合作办学等方式，用市场机制助力学校培训工作。

七、教育培训办学硬件条件亟待改善

我校是国内著名的政法院校，在举办的教育培训业务中，很大一部分参训对象为公检法司或者企事业管理干部，对培训的硬件设施和条件都有一定要求。

我校有三个校区——渝北校区、宝圣湖校区、沙坪坝校区，其中，沙坪坝校区为干部教育培训基地。沙坪坝校区建于 1950 年，食堂、教室、寝室的硬件设施较为陈旧，与举办高水准的教育培训需求尚有一些差距。

在培训教室方面，沙坪坝校区可用于培训的教室共 14 间，渝北校区教室最多能协调安排 6 间，导致培训旺季时期教室数量紧缺。另外，参训单位普遍反映，沙坪坝校区教室设施老化，空调、开水器等供给不足，在一定程度上影响了我校的教育培训形象。

在培训住宿方面，主要困难为校内供给不足、房间设施较差。按照培训办班旺季时期计算，我校一周需容纳培训学员约 2000 人次。而目前学校提供的住宿仅有 1000 人次，住宿缺口较大。如果大量安排校外酒店住宿，一是每个班均需安排车辆接送，增加办班成本。二是也不利于学校管理参训学员，存在学员违规违纪的问题。此外，参训学员普遍反映沙坪坝校区 2 舍、4 舍、外招的房间设施陈旧老化，这也是老校区办班备受诟病、给参训单位印象较差的一大因素，导致相当一部分意向培训班的流失。

在培训就餐方面，主要困难为场地不够，用餐拥挤。2017 年 8 月，沙坪坝校区一食堂改造后，二楼作为培训学员专用食堂，用餐环境和条件较以往有了较大改善。但培训食堂仅可同时接纳 400 人就餐，时常出现用餐拥挤、座位不够、菜品供应不及时等情况。虽然采取了错峰就餐，但仍存在较多不可控因素。此外，渝北校区无培训班专用食堂，少数在渝北校区举办的培训班，学员只能和学生一起排队就餐，给学员带来诸多不便。

八、办学激励机制不够完善

我校的教育培训由继续教育学院统一管理，校内各学院（中心）具体实施。学校于 2017 年出台了教育培训管理办法，但配套的激励机制不够健全，在学校绩效工资实施方案中也无教育培训工作相关的绩效考核，不利于做大做强特色培训项目，不能发挥继续教育学院的协调、保障和管理职能，也不能更好地激发校内外参与教育培训工作人员的热情。

九、职能部门间的协调时间较长

目前，全校的教育培训工作虽由继续教育学院归口管理，但在培训合同、证书、教室、住宿、食堂、交通、财务、物资设备、办公条件等多个环节，需与校内多个职能部门沟通协调。多部门协调，一定程度上降低了培训办班的效率，不能第一时间给受训单位提供良好的服务。

十、网络信息化建设滞后

作为文科院校和国内同类高校相比，我校继续教育在网络信息化方面的投入较低，网络信息化建设较为滞后，影响继续教育的办学，主要体现在两方面。

（一）网络化办公平台

我校已上线了校级办公平台，能方便快捷实现校院、院院之间的办公沟通，大大提高了工作效率。校级办公平台能满足大众化需求，但在教育培训、成人高等教育、自考助学方面，提供的个性化需求功能较少，无法满足继续教育工作需求。

（二）网络教学资源建设

随着国家网络建设的快速发展，国内众多高校在继续教育方面均着力网络教学资源建设，引入网络教学方式，为学生提供跨越时空的学习便捷和丰富的网络学习资源。我校学历继续教育和教育培训的网络教学资源及平台建设，尚处于起步阶段，网络教学资源不够丰富，教学平台功能不够健全，与国内学校相比，还有较大的差距。

第四章　拓展法学继续教育的基本原则与基本方略

一、拓展法学继续教育的基本原则

拓展法学继续教育的基本原则是开拓发展法学继续教育的根本指导思想和行动准则，是社会主义法学继续教育事业的本质要求，应贯穿于开拓发展法学继续教育的全过程和各方面，而不能违背之。否则，将会导致拓展法学继续教育偏离正确的办学方向，影响法学继续教育的健康发展，造成办学失败。归纳起来看，拓展法学继续教育应当遵循以下基本原则。

（一）综合素质教育与专业能力教育并重的原则

遵循综合素质教育与专业能力教育并重的原则，是培养和造就全面发展的社会主义建设者和接班人这一办学宗旨的根本要求。“综合素质”主要包括政治素质、思想道德素质、遵纪守法素质、社会责任素质等方面，其核心就是“德”。专业能力是指从事某种专门工作业务的技能和水平，其核心就是“才”。

法学继续教育是高等教育，其中自然会带有某种专业能力的教育内容。在法学继续教育实践中，举办教育者不会忽视该教育的专业性教育，会在提高受教育者专业能力方面下功夫组织教学，不然会丧失该教育的实际意义，丧失就读学员或学生的参学吸引力，进而影响该教育的为继和发展。因此，在法学继续教育中重视就读者专业能力的提高，重专业能力教育，这是应当的，也是必需的。而在法学继续教育实践中，则容易忽视对就读者的综合素质教育，因为综合素质教育并不自然附着于法学继续教育之中，并且就个人眼前利益来说，就读者对综合素质的提高可能也没有那么迫切。因而导致法学继续教育举办者容易产生不重视综合素质教育的偏向。其实，提高受教育者综合素质是培养和造就合格的社会主义建设者和接班人所不可偏废的一个十分重要的方面。对此，法学继续教育举办者应该引起足够的重视，强化其认识。在我国《教育法》中对此也做出了一系列规定，该法第五条规定："教育必须为社会主义现代化建设服务，为人民服务，必须与生产劳动和社会实践相结合，培养德、智、体、美等方面全面发展的社会主义建设者和接班人"。第六条规定"教育应当坚持立德树人，对受教育者加强社会主义核心价值观教育，增强受教育者的社会责任感、创新精神和实践能力。国家在受教育者中进行爱国主义、集体主义、中国特色社会主义的教育，进行理想、道德、纪律、法治、国防和民族团结的教育"。我国《教育法》适用于我国境内的各级各类教育，法学继续教育当然也适用。我国《教育法》的上述规定，实际上赋予了法学继续教育举办者对受教育者进行综合素质教育的使命，重视对受教育者进行综合素质教育是法学继续教育举办者义不容辞的法定职责。从对受教育者进行综合素质教育的社会意义来看，这也是十分必要的。如果只重视对受教育者进行专业能力教育的话，这样培养出来的人才可能就是"废才"，不仅不能成为真正投身于我们社会主义事业的建设者，而且还可能成为我们社会主义事业的破坏者。试想，如果没有一定政治素质，没有一定思想觉悟，没有一定道德情操，没有遵纪守法意识，没有社会责任感，这样的人可能会为社会做出什么呢？他能为社会做出什么有益的贡献吗？良好的思想品质是发挥个人才能为社会做出贡献的前提。这个道理是显而易见。教育应当坚持立德树人，这样才能培养出合格的有用人才。

因此，我们法学继续教育举办者对受教育者，既要重视专业能力教育，更要重视综合素质的教育，二者要并重，不可偏废其中任何一个方面。应当把综合素质教育与专业能力教育并重的原则，贯穿于法学继续教育全过程之中。

（二）社会效益与经济效益统一的原则

社会效益与经济效益统一是拓展法学继续教育应遵循的又一重要原则。“效益”即效果利益之简称，这里，所谓“社会效益”，即指对社会产生的效果利益。“经济效益”即指经济上的效果利益，这是对法学继续教育举办者而言的。社会效益与经济效益是一对矛盾，是矛盾的两个方面。

社会效益与经济效益的矛盾是举办法学继续教育之初就自然会产生的，不可回避。因此必须处理好这个矛盾。对于法学继续教育举办者来说，社会效益与经济效益这两个方面都必须抓。抓社会效益是由我们国家办学的宗旨所决定的，发展教育事业是为了提高全民族的素质，任何办学都不能违背这一宗旨，举办法学继续教育，当然也不能例外，而必须以社会效益为宗旨和目标。其实，抓社会效益反过来也影响经济效益。如果我们法学继续教育的举办者，不讲社会效益，只顾追求自己的经济效益，其结果如同企业不讲产品质量一样，产品难以销售，自然也不可能取得良好的经济效益。因此，社会效益，是举办法学继续教育应当追求的首要目标。当然，举办法学继续教育，反过来也不能不顾经济效益。因为，首先法学继续教育这一块，国家对此是没有财政拨款的，靠的是“以学养学”，不抓经济效益，没有经济收入，是难以为继的，这是存续的前提条件。其次，要抓法学继续教育办学的社会效益，其办学的各方面都需要有足够的投入，这是需要财力的。如果不抓经济效益，没有财力，这些投入是无法完成的。再者，不抓经济效益，没有经济效益，也难以调动法学继续教育举办者的积极性。经济效益是法学继续教育举办者的现实切身利益，是激励教育举办者拓展法学继续教育的必要手段。因此，抓经济效益，是正确的，也是无可厚非的，这也是法学继续教育的举办者应予重视的另一个方面。

在开展法学继续教育实践中，容易出现重经济效益，轻社会效益的偏向。因为经济效益直接关系到教育举办者切身利益的问题，一般不会忽视，而往往被更看重。而社会效益并不那么直接关系教育举办者的现实利益，因而易被忽视。人们极易受现实的短期利益的诱惑蒙蔽，而忽略对长远利益的考虑。对于法学继续教育举办者来说，社会效益与经济效益就是一种长远利益与短期利益，后续利益与现实利益的矛盾。要避免短视行为，处理好社会效益与经济效益的关系，既要看到二者对立的一面，也要看到二者统一的一面，关键是要将二者统一起看。要深刻认识二者辩证统一的关系，既要重视经济效益，更要重视社会效益，切忌只顾经济效益，不顾社会效益。在拓展法学继续教育中，举办者应将社会效益牢记心中，尤其不能够忽视。在拓展法学继续教育中，注重社会效益，有两个问题应当尤为注意：一是对办学各方面的投入要及时、足够，加强办学的硬件建设和软件建设。二是对办学质量要求十分严格，办学质量直接关系到办学的社会效益，办学质量差，自然其社会效益就不好。社会效益是办学质量的直接反映。法学继续教育举办者应当牢固树立办学质量第一的理念，在办学的各个方面强化质量建设，推动办学质量的不断提高，从而推进办学社会效益的不断扩大。

归纳起来说，拓展法学继续教育，必须处理好社会效益与经济效益的关系，应将二者统一起来看待，教育举办者既应讲求自己的经济效益，更应讲求办学的社会效益，不可偏废其中任何一个方面。这样才能推动法学继续教育健康、持续、快速地向前发展。

（三）“以生为本”的原则

这里所谓“以生为本”原则中的“生”即指学生，也包括学员。学员其实也是学生，只是在培训教育中习惯将学生称之为学员而已，学生与学员都是接受教育者，二者没有质的区别。

当今社会，“以人为本”的理念已为人们所普遍认同，各行各业都应当树立“以人为本”的理念而为社会提供服务。在法学继续教育中贯彻“以人为本”的思想，就应当坚持“以生为本”的原则。“以生为本”是“以人为本”在法学继续教育领域的具体化体现。所谓“以生为本”，就是要求一切工作都必须以学生（学员）为出发点和归宿。在开展法学继续教育过程中一切工作，在方方面面都应当为学生

（学员）考虑和安排，要想学生（学员）之所想，急学生（学员）之所急，要事事、时时把学生（学员）记挂于心中。

我们在过去长期以来的办学传统中，往往是把学生（学员）视为被管理者。办学者通常把自己与学生（学员）的关系视为是管理者与被管理者的关系，是一种命令与服从的关系，这种观念其实是错误的。举办教育者应当是为社会提供教育服务，与学生（学员）的关系是教育服务者与享受教育服务者的关系，从本质上来说二者应当是平等的关系，不应当看作是上下级命令与服从的关系。因此，举办教育者应当转变观念，将过去的管理意识转变为服务意识，贯彻落实“以生为本”的原则。在举办法学继续教育中，树立教育服务意识，坚持“以生为本”原则，尤为重要，这关系到办学的兴衰与成败。因为法学继续教育处于市场经济当中，教育举办者之间的竞争是激烈的，要在激烈的市场竞争中取胜，只能依靠提供优质的教育服务来吸引学生（学员）。接受教育服务的学生（学员）面对众多的教育服务者享有择优的权利，如果不坚持和贯彻“以生为本”的原则，不为接受教育的学生（学员）提供良好的服务，自然就会被教育消费者所抛弃。因此，能否坚持和贯彻“以生为本”的原则是法学继续教育能否存续和发展的重要保证。对此，法学继续教育举办者应当有足够的认识。

在拓展法学继续教育工作中坚持“以生为本”的原则，务必要落实在具体的行动之中，要使所提供的教育服务能够获得接受教育服务的学生（学员）的满意，以取得良好的社会声誉。要做到这一点，需要十分注意的是要充分重视对接受教育服务者实际需求的调查研究，要切实弄清接受教育服务者的具体需求，要针对学生（学员）学习的不同需求，制订和实施相应的教学计划，尤其是在干部教育培训中更需要注意这一点。来自不同岗位的干部是参训学员，其参加培训的知识需求是不同的，只有培训前弄清其参训需求，才能制订和实施真正符合其参训需求的培训方案。“因人施教”，才可能达到良好的教学效果。在教学上需要重视调查研究接受教育服务者的实际需求，在后勤服务等其他方面也需要注意对接受教育服务者的实际需求，并尽可能满足其需求。全方位地满足接受教育服务者的需求，才可能赢得接受教育服务者的好评。

总之，“以生为本”是在拓展法学继续教育中应当坚持和贯彻的又一重要基本原则。坚持和贯彻“以生为本”原则，在办学过程中一切工作都应当以学生（学员）为重，尽力为学生（学员）提供优质的教育服务，尽可能满足学生（学员）的实际需求，尽可能达到让学生（学员）满意，才能够吸引更广泛的学生（学员）来参加学习，从而推动我校所办的法学继续教育事业的持续发展。

二、拓展法学继续教育的基本方略

（一）提高认识，加大投入

思想指导行为，意识带动行动。要拓展法学继续教育，首先要解决好思想认识问题。高等院校举办法学继续教育，过去长期以来是把它当作一种“附属产品”对待的。不少人对高校举办法学继续教育的办学价值和意义缺乏认识，一些人甚至存在错误的观念。有的认为高校办法学继续教育影响了高校的精力，是不务正业；有的认为高校办法学继续教育，只是一种创收而已。由于人们对高校举办法学继续教育存在模糊认识，甚至存在错误认识，自然影响法学继续教育的开拓发展。

实际上，继续教育不只是进行创收的一个项目，开展继续教育，不能仅视为一种创收，更重要的是，继续教育是实现学校与社会互动的重要载体，它不仅能提高学校对于社会经济发展变化的适应能力，而且更能提高学校在现代化社会中的地位和作用。随着社会的不断发展，大学的职能经历了传统单一的知识传授扩展为教学、科研和社会服务三大职能的演变历程。大学服务社会的职能主要是解决大学满足社会需要的问题，而继续教育是大学实现社会服务职能的重要载体和有机组成部分。继续教育就是通过人才培养的方式，将大学开放到社会，成为大学服务社会的主要窗口，为国家和地区经济发展服务，成为社会进步的驱动力，成为将优质教育资源输送到有需要的人群和社区的手段，成为联系大学与机关及企事业单位的桥梁和纽带。在时间上，它把大学的专业教育和大学后继续教育联系起来；在空间上，它把高等教育的组织机构联系成为社会化的网络结构，从而构成了新的更加完整的高等教育体系。正是由于高校开展继续教育有着十分重要的作用和意义，《国家中长期教育改革和发展规划纲要（2010—2020年）》已经明确将“为社会成员提供继续教育服务”作为高等院校的重要任务之一。因此，高等院校举办继续教育既是一种国家规定的重要任务之一，也是学校积极参与地方经济、社会建设的重要表现形式。

高等院校开展继续教育有国家政策支持与鼓励，也是大有可为的。《国家中长期教育改革和发展规划纲要（2010—2020年）》中有关继续教育的规定，如“加快发展继续教育”“建立健全继续教育体制机制”“构建灵活开放的终身教育体系”“促进各级各类教育纵向衔接，横向沟通，提供多次选择机会，满足个人多样化的学习和发展需要。健全宽进严出的学习制度，办好开放大学，改革和完善高等教育自学考试制度。建立继续教育学分积累和转换制度，实现不同类型学习成果的互认和衔接”等，这些规定，为我国高校继续教育发展提供了广阔的空间。

开展继续教育，是高等院校义不容辞的职责，是高等院校应当履行的义务，这个意识必须牢固树立。另一方面，我们也应当看到，高等院校开展继续教育，对自身发展也不无裨益。高校开展继续教育，不仅可以提高社会效益，扩大学校对外的影响，提升学校的知名度和品牌，而且可以创造一定收入，积累自身发展需要的资金。

法学继续教育是继续教育的一个分类，开展法学继续教育的重要性与必要性同开展继续教育的道理是完全相通的。而开展法学继续教育的特殊重大意义，前面也已述，此处不赘述。

拓展法学继续教育不仅应当纠正过去的一些认识偏差，更新观念，提高认识，走出继续教育是高校附带产品的认识误区，而真正将举办继续教育视为高校的责任和义务，真正把继续教育作为高校的重要产品之一看待，而且应当真抓实干，提高重视程度，加大投入。过去，由于往往将继续教育当作高校的“附带产品”，当作可有可无的

"产品"，自然在投入上往往也不太重视，许多高校甚至将继续教育排除于学校发展规划之外，不予足够重视，只是利用一些富余的办学资源来开展继续教育。如果这种现象不予纠正，发展继续教育就会形成"雷声大，雨点小"，空喊口号而已。终究难以形成大力发展的态势。如果高等院校把举办继续教育当作自己的职责，当作必须完成的任务，就应当把继续教育纳入学校的整体发展规划，确定长远的发展目标，加大人、财、物的投入，采取有力措施来保障发展目标的实现。我们知道，工厂的产出与投入往往是成正比例的，学校办学同样如此。没有足量的投入就没有相应的产出，加大投入才会实现更多产出。高等院校拓展继续教育，必须重视其投入，必须在人、财、物各方面有力支持，才能保证继续教育得以顺利和快速的向前发展。

（二）顺应形势发展，将学历教育大力向非学历教育转型

认清形势才能找准方向，拓展法学继续教育必须顺应形势发展。自1999年始全国普通高校扩大了招生规模，此后，其招生数量连年有增无减，现普通高考升学率较之普通高考扩招之前大为提高，已达80%以上，未能通过普通高考就读大学的考生较少，这样需要就读继续教育层次的学历教育的考生也不多了，由此造成继续教育中学历教育招生的生源严重萎缩。由于国家经济的发展，国家有财力加大对普通高校的投入，今后普通高校的招生规模也只会扩大而不会缩小，这是我国高等教育发展的趋势，开展法学继续教育的高校应当认清这个形势。此外，由于现已出台的政策规定，今后只有普通高校法科毕业学生才有资格参加法律职业资格考试，而将继续教育中的学历教育法科毕业生拦在了其考试门槛之外，这也抑制了相当一部分学生参加继续教育法学学历教育学习的意愿。从上述分析来看，法学继续教育中的学历教育虽然曾经辉煌，十分兴旺，但其历史使命已基本结束，今后也不可能再有大的作为，不能再作为法学继续教育的主战场，而应调整发展方向，进行战略转移，将法学继续教育由学历教育大力向非学历教育转型，大力开展培训教育。

法学培训教育的前景是广阔的，是大有可为的。党的十八大以

来，以习近平同志为核心的党中央从坚持和发展中国特色社会主义全局出发，从实现国家治理体制和治理能力现代化的高度提出了全面依法治国的重大战略部署。党的十八届四中全会专题研究依法治国问题，并做出我党历史上第一个关于加强法治建设的专门决定，开启了中国法治新时代。法律是治国之重器，法治是国家治理体系和治理能力的重要依托。要推动我国经济社会持续健康发展，不断开拓中国特色社会主义事业更加广阔的发展前景，必须全面推进社会主义法治国家建设。党的十九大再次重申了坚持全面依法治国的方针，并对深化依法治国实践做出了新部署，提出了新要求。在我国大力推进全面依法治国的大背景下，法学继续教育不仅是前景广阔，大有可为，而且是亟待发展，必须大有作为。全面依法治国是涉及立法、执法、司法、守法等各个环节的庞大系统工程，要推进科学立法，严格执法，公正司法、全民守法，要实现全面依法治国总目标，需要开展全民法治教育，大力提高全民的法律意识；需要加强法治专门队伍建设和法律服务队伍建设。全民需要法治教育，法学继续教育即可在此方面有所作为，积极向此方面拓展；法治专门队伍和法律服务队伍需要加强建设，法学继续教育更可在此方面作为，因为无论是法治专门队伍还是法律服务队伍的人员，都必须不断接受再培训教育，更新知识，提高工作能力。法治专门队伍和法律服务队伍是两支群体庞大的队伍，其培训教育市场也是庞大的。因此，法学继续教育在这个市场具有广阔的发展前景。可以说，只要认清发展形势，并顺势而为，不守旧自封，法学继续教育转型向非学历教育拓展，不仅不会衰落，反而能够走向新的辉煌，为我们国家的法治建设做出新的更大的贡献。

（三）注重市场调研，开展灵活多样的教育服务

调查研究是一项基本的重要的工作方法，是决策和行动的前提，不进行调查研究必然会导致决策和行动的盲目性。拓展法学继续教育，也离不开调查研究，要注重市场需求的调研，要在市场需求的调研上下足功夫。如果不对市场需求进行深入细致的调研，不弄清法学继续教育接受者的实际需求，法学继续教育举办者的办学就难以适应

教育接受者的切实需求，自然办班就会遭受挫折。这就如同餐饮经营一样，如果餐馆的饭菜不合就餐者的口味和消费能力，就餐者自然就会放弃进餐馆就餐，这个道理是很浅显的。

应当明白，继续教育与普通高等教育有着很大的不同。普通高等教育实行的是计划教育体制，每一个普通高校的招生都是受国家所下达的招生计划调控的，是按照国家下达的招生指标进行的。因此相对来说，其招生要简单得多。就整体来看，普通高等教育还是“卖方市场”，入学者众多，其招生一般不成问题，按照国家下达的指标招生一般都能招满。而继续教育则完全不同，尤其是继续教育中的培训教育不存在国家计划的问题，完全是“市场经济”，培训办班的招生完全是依靠各举办者各自的努力。因此，法学继续教育举办者必须要树立市场竞争意识，要有市场观念，要关注市场变化，注重市场需求调研，切忌关门办学，闭门造车。而应当多渠道、多方法，走出校门，到参培单位进行实地调查研究，真正弄清楚参培单位工作人员所需要的培训内容，了解参培人员的吃、住、行要求。全方位弄清参培人员的要求，才能制订出能够满足参培人员要求的办班计划和教学方案，才能赢得参培人员的欢迎，才能使法学继续教育真正取得成效，获得社会效益和经济效益的双丰收。

应当看到法学继续教育的需求者是多种多样的，法学继续教育的各种需求者的具体需求也是多种多样的。法学继续教育要满足多种多样的需求，则应当开展灵活多样的教育服务，在充分调研市场的基础上举办适应就读者需求的培训班。在办班模式，办班时间长短，办班教学内容，办班后勤服务等各方面灵活处理，切不可一成不变，墨守成规。开展灵活多样的教育服务，才能满足多种多样的培训教育需求，争取到更多的学生，从而使法学继续教育在迎合市场需求的基础上得以不断发展。应当意识到，在培训教育市场上，早已不是过去那种“卖方市场”了。过去法学继续教育资源不足，往往供不应求，相应一部分教育需求者无门可入，“卖方自大”现象严重。而我国教育发展到今天，这种情况已经改观，可供教育需求者选择的就读学校众多，法学继续教育市场则显现激烈竞争状况。如果法学继续教育举办者不改变过去那种老爷式的办学作风，必然会自封其门，难以为继。因此，改变工作作风，为教育需求者提供灵活、周到的教育服务，是法学继续教育举办者的当务之急。只有这样，法学继续教育举办者才能赢得市场，争得更大的市场份额，确保不被市场所淘汰，而获得办学的稳定发展。

（四）加强创新研究，开拓高端市场

创新是发展的推进器，创新是发展的动力源泉。一个企业如果不注重产品创新开发，即使原来生产的是好产品，是适销对路的产品，长此下去也会走到尽头，无法存续，而自行消亡。现实生活中，这种企业不胜枚举。法学继续教育办学同样如此，如果因循守旧，不注重创新研究，不能根据教育市场的发展变化适时调整服务项目，自然也会穷途末路。因此，法学继续教育举办者应当注重教育服务的创新研究，不断推出适合市场需求的服务产品，借助新的服务项目，打造新的增长点，推进自身的不断发展。加强创新研究，不断推出新的服务项目，才能走到办学队伍的前列，才能保持优势而不掉队，而不被挤掉。因为，法学继续教育市场竞争是激烈的，也是无情的，不思进取、不求创新，一成不变、故步自封者迟早会被市场所淘汰。目前一些法学继续教育办学者不太重视服务项目的创新研究，一者其办学无法很好地满足社会需求，二者其自身难以发展，难以取得好的办学收益，这是值得反思的。是否加强创新研究，是与办学效果成正比的，办学者必须加以足够的重视。

加强创新研究，其实就是在加强对市场需求调查的基础上创新教育服务，根据市场需求的发展变化研制新的服务项目。这样不仅使法学继续教育更能够不断满足社会需求，履行高校服务社会的职责，而且也使办学单位能取得更好的社会效益和经济效益。

从目前来看，法学继续教育中低端市场基本已经饱和，能够提供中低端教育服务的办学单位众多，竞争激烈。在这方面的创新主要应着重在创新服务内容，创新服务手段等方面，靠提升服务质量，以更加优质的服务来满足日益增长的市场需求，把市场蛋糕做大，争取更

大的市场份额，创造更大的社会效益和经济效益。

而在法学继续教育高端教育市场则更有发展空间，目前这方面的教育服务供给还远远不够，市场需求量很大。因此，创新研究应当更加着力于开拓高端教育市场。这里所谓高端教育市场，主要是指高层次的培训教育市场，包括对已有高学历者的再培训，对高职位干部的再培训，对企业高层管理者的再培训，等等。此外，还有涉外法律工作人员也迫切需要涉外法律培训服务，随着我国改革开放的不断推进，我国与各国的经济交往日益扩大，所需的涉外法律服务也日益增大，而现有的涉外法律工作者，无论其数量还是质量都还不能满足社会需求，打造涉外法律工作者的培训项目是大有可为的。在涉外法律培训方面，还可以开展国际间的合作。通过与国外办学机构的合作办学，来提升培训服务质量，更能够满足涉外法律培训市场需求。总之，法学继续教育高端教育市场，其潜力是大有可挖的，应当加大投入，加强市场需求的调研，以市场需求为导向，打造高端培训项目，提升服务层次，把法学继续教育推向新的高度，以满足新时代不断增长的社会需求，这样也能够为法学继续教育举办者创造新的增长点。

（五）加强与干部主管部门合作，大力开展联合办学

进入新时代，法学继续教育的主战场已经由学历教育转向非学历教育，非学历教育则主要是干部培训教育。当下，全面依法治国的号角早已吹响，法学继续教育开展干部法律培训的重要性十分突出。十八届四中全会审议通过的《关于全面推进依法治国若干重大问题的决定》（以下简称《决定》）提出了全面推进依法治国的指导思想、总体目标、基本原则和工作要求。为全面推进依法治国，贯彻落实《决定》精神，各省、市、自治区、直辖市及下属各地都纷纷制定了本地区依法治理的方案措施。党的十九大再次强调要全面推进依法治国，明确指出全面依法治国是中国特色社会主义的本质要求和重要保障，并将坚持全面依法治国列入了新时代坚持和发展中国特色社会主义的基本方略之一，全面依法治国是我们党和国家的长远战略。要实现全面依法治国的总体目标，则必须加强法治专门队伍和法律服务队伍建

设，为全面依法治国提供坚实人才保障。不仅政法干部需要加强培训，提高执法水平和能力，而且各级政府中执法工作人员也需要通过不断培训，提高执法素质。我们党领导立法，保证执法，支持司法，带头守法，主要是通过各级领导干部的具体行动和工作来体现和实现的，他们的信心、决心、行动，对全面依法治国有十分重要的意义。领导干部做遵法、学法、守法、用法的模范，是实现全面依法治国目标和任务的关键所在。因此，对各级领导干部的法律培训也需要强化。对政法干部、行政执法干部以及各级领导干部的法律培训是一项长期的工程，也是一项庞大的工程，该工程的推进离不开法学继续教育，法学继续教育也应当在干部法律培训方面努力拓展，大显身手，做出贡献。为加强干部教育培训，中共中央印发了《2018—2022 年全国干部教育培训规划》（以下简称《规划》），《规划》对干部教育培训做出了一系列明确要求，其中也明确指出对干部要“加强党的路线方针政策和宪法法律法规学习培训”。在全面推进依法治国的大形势下，为贯彻落实中央干部培训文件精神，各级干部主管部门对于干部法律培训也十分重视。因此，法学继续教育举办者应当加强与各级干部主管部门的配合，做好沟通，互相配合，强化合作。通过与干部主管部门的大力合作，法学继续教育可以在干部培训方面打开发展空间，得以持续、长远的大发展。如果法学继续教育举办者忽视与干部主管部门的主动沟通，通力合作，要想在干部培训教育方面能有大发展显然是不够的。对此，法学继续教育举办者应当有清醒的认识，加以足够重视。

拓展法学继续教育，除了需要加强与干部主管部门的合作外，还需要加强横向联合，大力开展联合办学。法学继续教育举办学校，一般在法学方面具有优势，但在其他学科方面往往不强，甚至有许多学科在本校根本没有。而现在干部培训上除了要进行法律培训外，还需同时进行其他专业知识和技能的培训，现在大量需要的是既有相关专业知识又懂法律的复合型人才。干部培训往往也需要将法学与相关专业结合起来进行培训。要真正解决好这个问题，法学继续教育举办学校就应当加强与其他学校的合作，各自发挥学科优势，进行强强联合，使干部培训能够更加适合社会需要，进而得到新的更大发展。

当然，法学继续教育举办学校对外合作还可以更加广泛，因为法学继续教育开展的对象是广泛的。培训对象不仅包括司法工作干部，政府工作干部，而且还包括企业事业单位工作人员等，对后者进行法律培训的社会需求也是巨大的。法学继续教育举办学校也应当重视与企业事业管理部门的培训合作，甚至可以与企业事业具体单位合作，通过更加广泛的合作，推进法学继续教育在社会各部门各行业不断拓展开来。

（六）加强自身建设，提供优质特色服务

“打铁还需自身硬”，这是一个浅显的道理。拓展法学继续教育，举办学校必须加强自身建设。不断加强自身建设，是举办学校拓展法学继续教育的必备条件和保障。举办学校不断加强自身建设，才能够适应不断变化和发展的社会需求，从而保证法学继续教育能够稳定、快速地发展。

法学继续教育举办学校的自身建设应当是全方位的，在涉及办学的方方面面都应当加以注意，否则某一方面成为发展的瓶颈，就会阻碍整体发展的推进。从总体来看，法学继续教育举办学校加强自身建设特别应注意以下几个方面：一是教学建设。教学是办学的核心，是中心环节。教学质量的高低直接影响社会教育需求的满足，也就影响办学是否得到社会的认可，进而影响办学是否能够得以推进和发展。教学建设的内容很多，既包括教材建设、教师队伍建设，也包括教学模式改革创新建设、教学评价机制建设等。二是管理建设。管理是维护教学秩序的保障，管理促效益。管理建设主要应包括教育管理制度建设、教育管理队伍建设、教育管理奖惩机制建设等。三是后勤服务建设。后勤服务建设似乎与教学不直接关联，并且需要大量财力投入，因而容易被忽视，或者被拖延，其实办学的后勤服务建设至关重要。这与部队打仗，往往三军未动，粮草先行的道理一样，后勤保障是打胜仗的保证。办学的后勤服务，也直接关系到办学的成败。因此，法学继续教育举办学校对自身的后勤服务建设应当予以足够的重

视，加大资金投入，改善办学设施设备等条件，在学习和生活各方面尽可能地满足学生和学员的需求，以热忱周到的后勤服务来赢得就读学生和学员的认可。

法学继续教育举办学校的自身建设中，还有一项建设需要足够重视，这就是网络建设，网上教学是现代教学的发展趋势。网上教学可以实现远程教育，还可以节省教师资源和教学成本。通过网上教学还可以对不同类型的法学继续教育进行整合。通过网络，也方便进行网上宣传，打开教育市场。总的来说，加强网络建设，对促进法学继续教育的拓展，效用很多也很大。法学继续教育举办学校应当加大投入，加快网络建设步伐，充分利用现代化教育手段，来大力推进办学的不断发展。

法学继续教育举办学校加强自身建设，其目的就是为社会提供优质的教育服务，通过不断的自身建设，来适应和满足社会不断变化的教育需求。一方面，举办学校在自身建设中应当切实注意解决自身的“短板”问题，发现自身的弱势，克服“瓶颈”，诊治自身的“病患”。另一方面，还应当注意分析研究自身的强项和优势。每一个法学继续教育的举办学校都会有自身的劣势和优势，应当尽可能地扬长避短，以己之长克他人之短，打造自己的特色服务，树立自己的特殊品牌。通过提供优质的特色服务，来谋求自身的发展路径。在法学继续教育市场激烈竞争的境况下，各校发挥各自的优势，打造自己的优质特色服务，既能满足社会不同教育需求，也能使自己在办学道路上走得更加稳健，走得更加长远，为我国的社会主义特色的法治建设做出更大的贡献。

第五章 拓展法学继续教育的教学建设

一、新时代法学继续教育中的教材建设

教材是教学的基础。教材不仅是体现教学思想和内容的重要载体，而且也是开展日常教学活动的基本工具，因此，教材的优化就成了规范教学内容、提高教学质量的关键。

（一）法学继续教育教材的含义与类型

法学继续教育教材在本质上属于教材的范畴，理论上有关教材含义的界定有狭义与广义之分。狭义的教材就是教科书，而广义的教材的范围则不限于教科书，还包括了讲义、讲授提纲等各种依据教学要求编写，并提供给学生的材料。①

《辞海》有关“教材”的解释为：教材就是教学时的材料，也称教学内容；包括知识、观念和所使用的一切材料，如教科书、习作、教师手册、补充材料、试卷、标本、模型、图表、录音带、录影带、影片、幻灯片、投影片等。很明显，《辞海》采用的是广义的教材概念。从功能上讲，教材是体现教学思想、实现教学目标的重要载体，尤其是随着教育信息化的发展，教材的种类或类型已经超越了教科书的狭义范畴，而有了更为宽泛的发展，因此，有必要在法学继续教育教材的研究中引入广义的教材概念。

① 参见陈侠：《中国大百科全书：教育卷》，北京：中国大百科全书出版社 1985 年，第 144 页。

目前有关法学教育教材的相关讨论主要是以法学二级学科为对象开展的，从而出现了经济法教材、民法教材、刑法教材等。然而，法学继续教育本身也可能包含了各法学二级学科，因此本书不专门讨论法学二级学科教材的建设问题，而是在宏观上重点研究法学继续教育教材的现状与优化问题。

按照广义的教材观，法学继续教育的教材应当是指为开展法学继续教育而编写的一切教学材料。按照教材表现的载体形式，我们可以将法学继续教育的教材分为两类：第一类是传统意义上书面教材，这主要就是指以印刷品为载体的教科书；第二类是指数字化教材，数字化教材是指利用多媒体技术将传统纸质内容进行数字化处理后形成的电子教材。数字教材主要包括纸质教材数字化、多媒体数字教材、互动式数字教材和集聚式数字教材四个层次。随着信息技术和互联网的发展，数字教材的应用会更为普遍，值得我们在法学继续教育的教材建设中高度重视。

（二）法学继续教育教材建设的现状与问题分析

继续教育自其发展以来，无论从教育理念、办学层次、办学形式、教育对象、教学内容都有别于普通高等教育，因此，法学继续教育的教材编写也应当有别于法学普通高等教育中所使用的教材。

然而，受传统的普通高等教育“压缩型”和二级法学学科“区分型”教学模式的影响，当前我国法学继续教育中要么没有专门的教材，要么所使用的教材主要是从方便教师的教学出发，按照普通高等教材的编写方式编写的。法学继续教育的专门化教材普遍缺乏，为数不多的法学继续教育教材的内容也与法学普通高等教育中的教材雷同，并且更新速度慢，不能反映和体现新时代全面依法治国的要求，因而影响了教学质量的提升。

1. 教材数量偏少，过分依赖普通高等教育法学教材，缺乏适用法学继续教育的专门化教材

随着全面依法治国战略的深入实施和我国法学教育的发展，普通高等教育法学教材的建设也备受重视，无论是数量上还是质量上都有

了很大的提升，已经初步形成了一套较为完备的法学教材体系。我们在当当网和亚马逊网以“法学教材”为关键词进行检索，结果显示为：140424 件和超过 5000 条。然而，与此形成巨大反差的是，我们在当当网和亚马逊网以“法学”“继续教育”为关键词进行检索，则只得到了 30 本和 17 本的结果。可见，法学继续教育教材在法学教材的数量中占的比例极小。

另一方面，就为数甚少的法学继续教育教材而言，其在课程体系、内容设计、素材选用等上也是乏善可陈，几乎与高等教育法学教材没有区别。教材是教学的基础，法学继续教育教材的编写应当根据其培养目标、培养对象、专业设置等情况，编制出适合在职学习需要，具有实用性，体现时代特征，内容完整的教材体系，而不是去简单沿袭普通高等教育中的现有法学教材。必须看到，普通高等教育所面向的主要是在校学生，但继续教育的对象则是在职的成年人。如果在法学继续教育中仍然沿用普通高等教育中的法学材料，则就会导致法学继续教育出现“炒冷饭”，重复原有教材的弊端。

2. 教材定位偏于概念、原理，对实践问题关注不够

法学是一门应用性、实践性极强的学科，继续教育又是为学习者提供学历后教育，以满足学习者提高职业能力的需求，因而不同于普通高等教育中的法学教材旨在传授基本的法律概念、知识和体系，法学继续教育则应当更侧重于提升继续教育者的实践技能和素养。

然而，当前为数不多的法学继续教育教材普遍沿袭了普通高等教育法学教材的编写思路，强调理论研究和知识本身，而忽视了法学继续教育的职业性和实践性。法学继续教育教材内容偏于概念、原理，不仅弱化了法学继续教育的现实功能，无法让受教育者通过继续教育满足其在工作、生活中所需要的知识和技能，而且限于法学继续教育在时间上的短暂和分散性，偏重理论性的教材内容也很难让学习者在短时间内理解和使用，对学习者利用空余时间自学产生很大的阻碍，直接影响了学习者对知识的掌握，对能力的提升和技能的提高，甚至挫伤学习者的积极性，最终导致法学继续教育在终身教育体系构建的过程中无法发挥其应有的作用。因此，如何提高法学继续教育教材内

容的实践性，已成为摆在法学继续教育工作者面前的一个亟待攻克的急迫任务。

3. 教材内容陈旧、更新缓慢，无法适应新时代法学继续教育的要求

教材归根结底还是服务于教学的，因此，教学内容的变化必然也要求教材内容的更新。新时代法学继续教育的目标是为全面依法治国基本方略的实施提供智力支持、人才保障，因此，新时代下的法学继续教育教材也必须与时俱进，坚持以习近平新时代中国特色社会主义思想为指导，结合法学继续教育的实际，区分学历教育和非学历教育，"因材编教"，有效服务于法学继续教育目标的实现。

由于针对法学继续教育的教材品种较少，因此，现实中法学继续教育教材就出现了重复使用，教材不调整、不更新的问题。我们发现，目前为数不多的法学继续教育教材多数是依据法学二级学科编写的，并且出版时间较早，不仅无法与时俱进，体现新时代全面依法治国的新要求，无法达到继续教育更新观念、更新知识的要求，而且由于教材内容缺乏细分，一套教材通吃，不能贴近各类型岗位实际，无法满足各教育对象的差别化需求，极大地影响了法学继续教育的质量和成效。以民法学的继续教育教材为例，我们为法院系统、检察院、公安、人大，甚至是其他国家机关事业单位提供的教材都是一样的，没有任何区别，这不仅无法体现出法院、检察院、公安和其他国家机关对民事法律的不同需求，而且也不能充分反映近年来我国民事法律的发展，尤其是民法典编纂的新内容。内容陈旧、无细分的教材与法学继续教育的新要求和多元化需求之间存在突出矛盾，亟待解决。

4. 教材载体单一，法学继续教育教材的立体化建设不够

如前所述，广义的法学继续教育教材是指为开展法学继续教育而编写的一切教学材料，不仅包括教科书，而且还包括了参考书、讲义、讲授提纲、辅导材料、幻灯片等立体化的素材。立体化教材的优点在于打破了传统上以纸介质、印刷品为载体的教科书的局限，充分利用了现代信息技术和互联网手段，将各种类型的课程资源进行一体

化的深度融合，立体化教材对于引导学生的主动性和积极性学习都具有重要的促进作用。

由于立体化教材可以最大限度地满足教师教学需要和学生学习需要，从而提高教学和学习质量，因此在当前的普通高等教育中获得了充分发展，部分教材甚至实现了从原本平面、静态的书页到动态的三维立体画面的转型升级，成效显著。但是，目前的法学继续教育教材却依旧采取以纸质教材为主要的承载方式，以数字化教学为主要手段，统筹多种媒体、多种形式、多种类别的教学资源的立体化教材并未成形。中国特色社会主义法律体系形成后我们仍然面临着法律的立、改、废等工作，因此，法学继续教育应当紧跟时代要求，围绕新的法律开展有针对性的教学活动。但是以纸介质、印刷品为载体的教科书在出版或修订上存在一定程度的时滞性，不能及时、有效、全面反映新的法律和政策要求，因此，建立和完善法学继续教育的立体化教材就极为重要。

（三）改进新时代法学继续教育教材建设工作的对策与建议

1. 高度重视法学继续教育教材建设

法学继续教育教材建设在教材的数量、定位、内容、载体等方面存在的问题，反映了我国当前对法学教育目标认识上的偏差。由于我们在思想上对法学继续教育教材建设不够重视，所以才导致法学继续教育教材数量偏少、定位偏差、内容重复、更新缓慢、载体单一。教材是开展日常教育教学活动的基本依据，法学教材是法学学科教学之根本，直接关系法学继续教育目标能否实现。陈旧的法学教材不仅无法吸引学生的学习兴趣，而且还会导致法学继续教育与新时代要求脱节。因此，在法学继续教育中应当将教材建设当作首要工作，给予充分的人力和经费保障，做好法学继续教育的教材建设工作。必须看到，一部优秀的法学继续教育教材不仅可以吸引学生的学习热情，提高学习效率，而且还可以提升法学继续教育开办者的知名度和美誉度。

2. 加快建立法学继续教育教材的准入制度

人文科学教材是体现国家意志、传承民族文化的重要载体。法律科学不同于一般的自然科学，具有鲜明的政治性。法学教材涉及国家的基本政治、经济、社会制度的描述和介绍，事关全面依法治国基本方略的实施，尤其需要规范化、标准化。随意化的教材编写不仅会扰乱日常的教学秩序，而且还可能为少数人随意传播违反宪法和法律的错误思想观念提供平台，因此有必要建立法学继续教育教材的准入制度，把好法学继续教育教材的政治关、内容关，及时把与中国特色社会主义法治体系不相协调、不相符合、不相适应的内容予以调整，确保法学继续教育的教材内容与宪法、法律的根本要求高度一致。

3. 大力强化法学继续教育教材的针对性

教材是服务于教学的，因此法学继续教育教材的编写也必须服务于法学继续教育的目的。必须认识到，法学继续教育属于职业教育，旨在满足各单位在全面实施依法治国基本方略中对其工作人员所提出法律素质的职业要求，因此法学继续教育教材的编写应当围绕法学继续教育的目标来进行，突出其针对性。

必须要强调指出的是，法学继续教育不是通识教育，而是职业教育。因此，法学继续教育的教材必须围绕全面依法治国基本方略的要求来展开，体现针对性。首先，法学继续教育教材必须针对不同的职业群体，体现不同职业群体的不同要求进行编写。以民法学教材为例，如果是从事司法审判工作的法官，则其主要偏向的是解决纠纷模式，侧重的是民事的裁判思维与方法；但如果是公安等行政机关，则应当偏向的是预防纠纷模式，侧重的是对民事权利的尊重意识和保护意识。

其次，法学继续教育的针对性也体现为教学内容上对实践问题的关照。由于法学继续教育是职业教育，因此，法学继续教育的教材不能重复普通高等教育法学教材的内容，仍然是从法律的概念、原理出发，侧重对现行法的解释。相反，基于法学继续教育的职业教育定位，法学继续教育教材的设计思路上要从已有的“是什么”向“为什么”“怎么办”转变，以全面依法治国中的现实案例、实践问题出发，回应重大事件、现实挑战，提出并思考问题，训练预防和化解对策。就此而言，法学继续教育教材在体系上就不宜完全按照法学二级学科的设置来进行安排，可以采取以问题为导向的跨学科教材内容设计思路。

再次，法学继续教育的针对性还应当体现在法学教材内容的时代性上。继续教育不能是单纯的基本概念、基本理论的传授，必须紧跟时代的要求，回应继续教育的当前需要。法学继续教育也必须围绕全面推进依法治国的新要求来展开。党的十八大以来，以习近平为核心的党中央提出了全面依法治国的一系列新理念新思想新战略，并将全面依法治国纳入“四个全面”战略布局，开启了法治建设的新征程，因此，如何在法学继续教育教材的编写中全面体现习近平总书记关于全面依法治国新理念新思想新战略就成为当前法学继续教育教材编写的迫切要求。

最后，法学继续教育的针对性还体现在教材载体的立体化上。法学继续教育，尤其是非学历性的法学继续教育的一个重要特点是学习时间短。由于非学历的法学继续教育的学习周期短，因此，授课的时间也不会太长，我们不能希望仅仅通过一两次的授课就让继续教育的对象完全掌握相关的内容。因此，要确保法学继续教育的质量就有必要通过立体化教材建设为教育对象在课前、课后的自习提供平台。事实上，立体化教材建设也有助于激发学生的学习热情，养成终身学习的习惯。

4. 积极优化法学继续教育教材的编写队伍

教材编写的关键在教师，当前法学继续教育教材中问题背后的核心是缺乏一支优秀的教材编写队伍。由于法学继续教育是职业教育，而非是对高等法学教育的重复，因此法学继续教育教材的编写就不能完全按照高等教育教材的编写模式来进行。具体到编写队伍上，目前出现法学继续教育教材与普通高等教育法学教材在定位上的重复、在内容上的偏于理论均与法学继续教育教材编写者来源的单一化不无关系。正是由于当前法学继续教育教材的编写者主要是由在校教师主导的，因此，在定位和内容上都无法超越和突破法学高等学校教材的局限。

基于法学继续教育的职业教育属性，我们认为，法学继续教育教材的编写就不宜完全由高校的教师，甚至在校的研究生来主导。从法学继续教育的实践性上讲，法学继续教育教材的编写队伍应当秉承面向实务、采取“多师”模式，由高等院校的教师和实务部门的同志合作进行，甚至还要有针对性地邀请信息技术教师参与立体化教材的建设。除了在编写队伍的组成上要积极邀请实务部门的同志和信息技术的教师的广泛参与以外，我们还应当在法学继续教育教材的编写过程中进一步强化问题意识和实践导向，要求编写者必须要对相关单位进行调研，必须收集最新的典型案例、必须听取实务部门的意见，从而积极强化教材的实践属性，避免出现法学继续教育教材与高等教育的教材的简单重复。当然，吸引校内外的优秀人才参与法学继续教育教材的编写需要提供相应的经费和时间保障，但唯有真正组建起融通校内外的优秀编写队伍，一部部优秀的法学继续教育教材才可能得以问世。

5. 及时建立立体化的数字教材体系

法学继续教育的与时俱进需要法学继续教育教材作为先行。互联网技术的发展为立体化数字法学教材的建设提供了基础，而立体化数字教材体系则为克服传统纸质教材的时滞性提供了突破口，值得高度重视。为此，法学继续教育要紧跟时代步伐和要求，善于利用信息技术和互联网技术，打造立体化的数字教材体系。

立体化的数字教材体系要求我们在设计法学继续教育教材的时候秉承广义的教材观念，不能将法学继续教育教材仅仅局限为教科书。教科书是教材的重要组成部分，但课件、课后资料、讨论题、案例等也是立体化教材的有机组成部分。因此，立体化教材体系的建设不能局限于传统教科书的电子化、网络化，还应当利用电子信息技术将一些不能、不宜在纸质教科书中呈现的内容予以表达，增加立体化教材的广度、宽度，同时还应当积极利用电子信息技术将纸质教科书中呈现的内容形象化、动态化，引导学生的自主学习热情，提供随时随地通过网络进行学习讨论的机会。此外，我们还可以借用互联网技术依据新的法律、法规及时对原有的教材内容进行修改，引入新的典型案例，甚至围绕新的重大事件展开实时讨论，增强法学继续教育教材的时代性。比如，2018 年 3 月 11 日，第十三届全国人民代表大会第一次会议表决通过了《中华人民共和国宪法修正案》。此次宪法修改在中国特色社会主义进入新时代的历史背景下，站在健全完善党和国家领导制度、推进国家治理体系和治理能力现代化的高度，完善了党和国家的领导体制，完善了人民代表大会制度，完善了统一战线制度，建立健全了国家监察制度等等，重大历史意义非同寻常。① 但是相关的宪法修正的教材却因为时间上的原因无法在第一时间及时跟进，而立体化数字教材体系则可以弥补这一时间滞后的缺陷，在第一时间来通过网络平台传播宪法修正案的解读内容。

二、新时代法学继续教育中的师资队伍建设

百年大计，教育为本，教育大计，教师为本。虽然教学过程是教师和学生共同活动的过程，但在这一活动过程中，教师始终占据着主导地位。正所谓“有好的教师，才有好的教育”。改革开放以来，我国的法学教育获得迅猛发展，法学教师队伍也得到了充分发展，一大批优秀的法学教师开始出现。但是整体而言，限于历史和体制等原因，高校继续教育的教师队伍却没有与普通高校的教师队伍获得同步发展，甚至出现了边缘化的趋势。一些法学继续教育中出现了一无专门教师、二无专门教材的尴尬问题，因此如何有效提升法学继续教育中的教师队伍就成为当前法学继续教育改革中的重要内容。

① 参见信春鹰：我国宪法修改的重点内容及其重大历史意义，《法制日报》2018 年 5 月 16 日。

（一）法学继续教育师资队伍的现状及问题分析

1. 法学继续教育教师队伍的“内卷化”

从历史沿革上看，我国高校的继续教育基本上肇始于建国初期的各类补习班、干部培训速成班，以及十一届三中全会以后的学历补偿教育、从业资格证书培训。法学继续教育的发展历程也基本类似，因此法学继续教育也主要是由所在高校的相应教师，甚至研究生承担，缺乏专职从事法学继续教育的教师，呈现出明显的“内卷化”倾向。

法学继续教育教师队伍“内卷化”的不良后果就是教师无法将时间和精力专注于继续教育事业。由此，一方面，导致教师在从事法学继续教育的授课时间上无法得到保证，特别是针对学历继续教育而言，由于缺乏专职的教师队伍，因此很难保证法学学历继续教育的有效开展。近年来，法学学历继续教育的不断萎缩既有社会需求的原因，同时也与专职从事法学继续教育教师的缺乏不无关系。特别是由于缺乏专职的教师队伍，在法学学历继续教育中就无法对学生进行实时的指导。另一方面，专职教师的缺乏也会导致法学继续教育质量的下降。必须承认，兼职教师通常不会专门结合法学继续教育的实践与特点来编写教材、设计教案，因此也就难免会出现在法学继续教育课堂上重复高校日常教学课程内容的弊病。

2. 法学继续教育教师队伍缺乏稳定性

法学继续教育队伍的“内卷化”也直接造成了教师队伍稳定性上的不足。一方面，就校内的教师而言，由于现有的校内教师主要集中在部分学科的教师，甚至研究生群体中，随着教师个人的晋升、调动，一些教师就会因为时间和距离，甚至讲课课酬等原因不能或者不愿意来从事法学继续教育的授课。而在校研究生因为毕业原因，也无法继续从事法学继续教育工作。因此，从校内选拔从事继续教育的教师也存在不稳定因素，不能保证教师队伍的持续性、稳定性。另一方面，为应对法学继续教育的实践化、职业化要求，法学继续教育中往往会临时邀请校外有关单位的一些教员，但校外教员因为并非以教师为业，在授课时间和精力上更是无法提供保障，而且在管理上也比较复杂，如何对兼职校外教员的教学活动进行管理和监督也是一个难题。

3. 法学继续教育教师队伍的激励机制不健全

导致从事法学继续教育的教师队伍的稳定性较差的一个重要原因是缺乏有效的晋升激励机制。在多数高校中，从事继续教育的部门被定位为“创收”部门，学校不仅没有给予从事法学继续教育的教学、管理队伍的有效激励，反而在一些教师职称评审、科研业绩考核、教学效果评定等政策的制定中进行具有“歧视”性的差别化对待。一些高校重科研、轻教学，或者将教学功能简单理解为本科、研究生教学，而忽视继续教育，甚至将承担法学继续教育的教学工作不计入教学工作量，不作为职称晋升的考量因素，由此导致一大批优秀教师不愿意长期从事法学继续教育事业。

必须看到，高等学校承担着人才培养、科学研究、社会服务、文化传承创新四大基本职能。习近平总书记在中央全面依法治国委员会第一次会议上指出，要加强法治工作队伍建设和法治人才培养，更好发挥法学教育基础性、先导性作用，确保立法、执法、司法工作者信念过硬、政治过硬、责任过硬、能力过硬、作风过硬。可见，法学继续教育对于提高全民法治素养，加强法治工作队伍建设和法治人才培养，服务全面依法治国基本方略的实施都具有重要的支撑作用，法学继续教育应当成为我国法学教育的有机组成部分。高等学校对于从事法学继续教育的教师应当平等对待，对教学效果好、社会评价高的优秀教师给予肯定，引导教师愿意投入时间和精力去专门研究法学继续教育的内容，改进继续教育的方法。

（二）加强新时代法学继续教育师资队伍建设的指导思想

2018 年 1 月 20 日，中共中央、国务院印发了中华人民共和国成立以来第一个专门面向教师队伍建设的文件——《关于全面深化新时代教师队伍建设改革的意见》（以下简称《意见》）。《意见》以习近平新时代中国特色社会主义思想为指引，强调教师是教育发展的第一资源，把教师工作置于教育事业发展的重点支持战略领域，确立了教师队伍建设在整个教育事业中的“三个优先”地位：优先谋划教师工作，优先保障教师工作投入，优先满足教师队伍建设需要。《意见》还专门从师德建设、培养培训、管理改革、教师待遇、保障措施等方面提出了一系列建设高素质教师队伍的政策举措。《意见》的要求和举措应当成为新时代法学继续教育师资队伍建设的基本指导思想。

另一方面，法学教育也不同于其他类型的教育，因此，在法学继续教育的教师队伍建设中不仅要遵循《关于全面深化新时代教师队伍建设改革的意见》的要求，而且也要结合法学教育，尤其是法学继续教育的实际，有针对性的加强和改进新时代法学继续教育师资队伍的建设工作。必须看到，党的十八大以来，党中央对全面推进依法治国，建设一支高素质的法治人才队伍高度重视，提出了一系列新论断、新理论。2018 年 8 月 24 日，习近平总书记在中央全面依法治国委员会第一次会议上专门指出“要加强法治工作队伍建设和法治人才培养”，强调要“更好发挥法学教育基础性、先导性作用”。这些新论断、新思想和新理论不仅为全面依法治国基本方略的实施提供了根本遵循，同时也为包括法学继续教育在内的我国法学教育和法治人才培养指明了方向、明确了目标、提供了方法。因此，我们的法学继续教育教师队伍建设也必须始终围绕全面依法治国方略的总要求，面向法治国家、法治政府、法治社会一体化建设的总任务来规划和布局。通过加强法学继续教育师资队伍建设工作来推动新时代法学继续教育的大发展，促进法治国家、法治政府、法治社会的一体化建设和全面依法治国方略的推进。

（三）加强新时代法学继续教育师资队伍建设工作的对策与建议

有什么样的教师就有什么样的教育，新时代法学继续教育的大发展离不开优秀、稳定、专业的教师队伍。

1. 高度重视法学继续教育教师的师德建设

师德是教师队伍建设的灵魂。《关于全面深化新时代教师队伍建设改革的意见》要求把提高教师思想政治素质和职业道德水平摆在首要位置，法学继续教育教师直接面向法治建设的主力军，关系建设德才兼备的高素质法治工作队伍任务的成败，因此，必须强调从事法学继续教育的教师全方位、全过程师德养成，不能让法学继续教育课堂成为单纯西方法学思想的广播台，甚至在课堂上出现与中央要求和宪法精神背道而驰的错误言论和内容。而要真正让法学继续教育课堂成为中国特色社会主义法治理论的传播者、党执政的坚定支持者、社会主义核心价值观的引领者，就必须有一大批德才兼备的教师。

为了强化法学继续教育教师的师德建设，不仅要保障法学继续教育教师的合法权利和平等地位，让从事法学继续教育的教师在继续教育的岗位上有幸福感、事业上有成就感、社会上有荣誉感，而且更要加强法学继续教育教师的政治思想学习，组织教师深入学习领会习近平新时代中国特色社会主义思想，引导教师树立正确的政治观、民族观、国家观、文化观，坚定中国特色社会主义道路自信、理论自信、制度自信、文化自信。

2. 大力优化法学继续教育教师队伍的构成

法学继续教育的职业教育定位要求从事法学继续教育的教师不仅是精通法学理论的教师，同时也应当是通晓法律实践的实践者。从当前法学教育的培养模式而言，高等学校的教师基本上都是从学校到学校的教师，其法律实践普遍缺乏经验，对于社会现实问题的全面理解和掌握也多有不足，因此，大多数的高校在职教师并不能完全胜任法学继续教育的要求。在我们以往的非学历教学质量测评中，本校无法律实务经验教师的测评成绩也普遍较低，受训学员普遍反映的问题就是这些教师对实务理解不全面，教授的内容对实践工作的指导性不强。

针对当前高校在职教师教学偏重理论的问题，一方面，我们可以推动高校在职教师去实务部门挂职锻炼，促进其理论与实践的结合；另一方面，还可以设置专门的课程研究课题，鼓励教师围绕相关的重大现实法律和法治问题开展专项研究，优化课程内容。比如，“枫桥经验”在今年被首次写入了国务院政府工作报告，可以预见有关“枫桥经验”的实务课程将在今后受到欢迎，因此，我们可以提前选派相关教师专门围绕“枫桥经验”实务开展专题研究，提前设计出有关“枫桥经验”的法治课程。

当然，上述做法可能无法在短期内完成，目前优化我校法学继续教育教师队伍的一个补救措施就是适当引入校外实务部门的资源。在非学历的继续教育中依据受训单位的要求，看人点菜，看菜选人，打破本校当前以在职教师为主的师资队伍结构，秉持五湖四海、海纳百川的理念，广开渠道和门路，吸纳实务部门中的优秀师资。比如，有关人民调解的课程就可以不拘一格，邀请公认的优秀调解员来进行现场讲授。

3. 及时健全法学继续教育教师队伍的保障机制

无论是高校内部的教师，还是校外的优秀师资，要确保师资稳定，充分调动法学继续教育教师的积极性，都需要有体制和机制上的保障。只有建立、健全法学继续教育教师队伍的保障机制，优秀人才才会愿意积极从事法学继续教育事业，我们的法学继续教育课堂也才能成为广受欢迎的“金课”。

就高校内部教师而言，首要的问题是要获得从事继续教育的尊严感。在一些高校中从事继续教育教师，尤其是从事学历性的继续教育被认为是单纯的“上课挣钱”，甚至被误认为是授课效果不好的教师的选择，在继续教育与普通高等教育之间人为制造裂痕。要改变这一认识，不仅要提高从事继续教育，尤其是学历继续教育教师的待遇，而且还要给予从事继续教育教师应有的肯定，尤其是在工作量计算、职称评审等事关教师发展的问题上一视同仁，废除“双轨制”。为了鼓励优秀教师投身继续教育事业，传播文化、服务社会，继续教育学院还可以开展优秀教师的评选，让优秀教师获得尊严感。此外，还可以邀请学校主要领导和主要负责部门的同志结合自身特长和实际参加继续教育的授课，树立起法学继续教育也是法学教育有机组成部分的观念，进而从教师引进、培养等方面为法学继续教育教师队伍的建设提供支持。

就校外教师而言，当前需要重点建立的是优秀校外教师的遴选、支持和考核机制。社会各界都有相应的精英，如何发现和吸引这些优秀人才参与到法学继续教育中来就需要专门研究。与高校教师不同，校外师资很多不是从事教师职业，因此如何协调时间和工作安排也会成为问题。正是由于目前我们没有建立起有效的校外教师的遴选、支持和考核机制，所以在日常的法学继续教育中就出现了校外教师难选、难请、难管的三难问题。要稳定优秀的校外教师队伍就必须从机制上入手。首先是要建立师资遴选标准，尤其是要结合以往的工作和授课经验、参训单位的要求设计出具有可操作性的遴选要点；其次是要提高校外教师的待遇，做好授课教师的联系、服务工作，让校外优秀教师劳有所得；再次是要加强与重点校外师资来源单位的交流与协商，鼓励有能力、有人才的单位积极派出教师。还要建立教师的考核评价机制，定期对政治立场错误、授课效果不佳、讲课态度不好的教师予以内部通报，优胜劣汰，避免继续教育课堂成为“水课”。

三、教学模式改革创新

（一）当前法学继续教育教学的模式及存在的问题

1. 当前法学继续教育教学模式

（1）教学方式以讲授为主

传统的法学继续教育中盛行的教学模式仍旧是以传统的讲授模式为主。该种模式即是以教师口述授课、学生听讲为主导的教学模式。这种授课模式的特点是信息只进行单向流动，即教师向学生单方面灌输知识，而学生则是通过听讲、记笔记来吸收知识。这种讲授式的教学方式在法学类课程中的运用尤为广泛，即便课程是以讲座形式出现，也始终是以授课老师的讲授为主，学员在此期间主要是听取教师的讲述。[①]

这种讲授式的教学模式对教学活动具有一定的积极意义。首先，

① 黎亚薇. 论在职民警培训课程中的教学改革与创新——以法学课程教学为视角[J]. 科教导刊，2017（01）：85.

讲授式的教学模式有利于老师有条不紊地组织教学、讲解法学概念、法学理论，从而能在有限时间内传授较多的理论知识。其次，教学成本低，一位老师可以同时面向几十位乃至上百位学员进行教学，而且教学工具也仅为相应的纸质资料。教学成本也因为单次授课成员多、辅助资料简单等原因而有所节约。而我国法学继续教育的教学资源相对匮乏，教学经费、师资力量都并不充足。因此，这种“省时省力”的讲授式教学模式颇为契合我国法学继续教育的教学需求。最后，讲授式教学模式有利于我国法学理论体系的传授。我国属于成文法国家，注重法学理论的体系化、抽象化，故而在法学教育上以学员能够整体把握法学理论为教学目标，而讲授式的教学模式能够让学员按部就班地习得相应的法学理论知识，并在老师的讲授下融会贯通，形成一套体系。

虽然传统的讲授式法学继续教育模式具有上述积极作用，但其弊端仍不可忽视。首先，法学继续教育中传统的“大班面授”的方式采取“一方讲、一方听”的形式，这种形式师生互动少，无疑会导致学员的课堂参与度低。因此若授课老师不擅长活跃课堂气氛，则会使得课堂陷入沉闷，而沉闷的课堂不利于学员对知识的接收。其次，虽然讲授式的教学模式有利于节约教学成本，但讲授式的教学模式并不适合在所有课程中推行。部分实践性较强的课程需要学员的参与、师生的互动，若仍以灌输式为主，其教学效果必定不佳。传统的教学方式仍以教师讲授为主，忽视学员的个性化和差异性，学员的学习兴趣和积极性逐渐丧失，自主学习能力和实践运用能力难以被挖掘，而且由于片面强调系统讲授知识，法学教学脱离社会实践的倾向十分突出。

（2）教学内容以理论为主

我国传统法学继续教育以讲授为主的教学模式，与我国归属大陆法系是紧密联系的。因为这种讲授模式与大陆法系的法律传统相契合。相较于英美法系对于“法律的生命不在于其逻辑，而在于经验”的重视，大陆法系的特点则在于法律的体系化、规范化以及科学化，通过理论发展、制度总结的方式进行概念限定，并进行法律解释，实现法律的实践运用。因此，我国法学继续教育的教学内容自然亦是以系统的法学理论为主，强调对法学理论框架的掌握，强调对法律条文的熟悉以及理解，其教学目的重在提升培训学员的法治素养，加强学员对法律的熟识和掌握。

但是由于我国传统的法学继续教育模式的教学模式以单向灌输法学知识为主要方式，特点是追求法学理论的逻辑性、体系性以及抽象性，认为学好理论基础才是关键，故而在教学中缺乏对司法实践的关注，即便偶有在教学中讲解案例，也是为了更好地阐释某个法学理论，帮助学员加快理解抽象的知识。更有甚者，部分教师为了讲课的需要，脱离实践地生搬硬套出一些不切实际的案例。由于学员接触不到真实的案件，不了解司法实践的真实样貌，因此学员在未来解决实际问题时便无法很好地适用理论知识。当学员回到工作岗位时，其也有可能因为实操能力弱而被用人单位弃用，产生这样的原因主要是因为讲授教学模式过于重视法学理论的教育而忽略了学员业务实操能力的培养。

由于法学是理论性很强的一门学科，所以对学员知识的灌输和理论的探讨也是必不可少的，传统的法学继续教育教学模式大而全，能为学员全面地掌握法学知识打下基础。然而，教学内容过分以理论为主所呈现的弊端也是我国法学继续教育必须改革的重要原因。对于参加法学继续教育课程的学员而言，其学习时间并不如在校生充裕。在有限的时间内要求培训学员掌握高深的法学理论，对于培训学员过于苛求，也与学员参与法学继续教育的目的不符。参与法学继续教育的主要目的并不是为了掌握高深的法学理论体系，而是为了在日常工作中能更好地适用法律。法学不仅是一门理论性强的学科，同样也是一门实践性很强的学科，因此学员实践技能的培养也是法学继续教育的重要目标。“填鸭式”的法学继续教育教学只注重了法科学员理论素养的培养，却忽视了专业技能的训练。

2. 当前法学继续教育教学模式的局限

（1）教学内容单一

当前法学继续教育的教学内容以理论为主，教学学科往往仅限于法学一门学科，这种教学内容的设置过于单一，不利于参加培训的学员综合素质的提升。[①] 由于教学内容单一，所以在学科整合和社会人才复合型发展的时代，过分局限于法学的知识领域难以满足社会对法律人才的多元化需求。另外，教学内容仅限于理论知识，会导致对司法现实复杂性缺乏真正理解和认知。过分强调法学逻辑经验而缺乏实证经验和跨学科知识储备，则无法解决现实复杂的法律实践问题。

（2）教学手段单一

以讲授式教学为主的法学继续教育教学模式过于单一，没有体现学员的主体地位。现代教育理论认为，教学活动是一个双边活动过程，教与学密切联系，相互作用。[②] 因此，在法学继续教育过程中，教师必须调动学员自身的学习积极性、主动性，充分发挥学员的主体作用。而这一点在传统的讲授法教学中，几乎很难得以实现。现实中的法学继续教育的课堂，教师基本上就是唱“独角戏”，学生更多地扮演一个听众的角色，教师与学员之间的互动甚为少见，偶有互动，也多以一问一答的形式为主，无法让学员充分参与到教学活动中，这无疑在无形中压抑了学员的学习主动性，并在一定程度上对学员的学习热情造成了不良的影响，这实际对法学继续教育的教学成效造成了一定的负面作用。有别于一般的学历教育，参与法学继续教育的学员本身就具备一定的理论基础和丰富的实践经验，其参与法学继续教育的目的主要是为了提高理论与实践有机结合的能力，其更多的是提高师生之间的交流，让信息进行双向流动，使得学员在实践中遇到的困惑能够得到教师的解答。故而，法学继续教育不能固守信息单向流通的讲授式教学模式，而是应该革新教学模式，尽可能地促进师生之间的沟通交流，让授课教师明白学员的切实需求，以提升教学质量。

课堂讲授中间即便穿插有一些互动，也由于时间的限制而无法展开。这也影响了学员的学习热情，也更加谈不上主动性与创造性，教师与学员之间没有形成有效交流。与一般的学历教育不同的是，法学

① 高东林. 现代远程教育法学专业课程设置亟待改革［J］. 继续教育研究，2008（09）：64.

② 范庆标，义海忠. 高等继续教育法学特色专业建设思考与实践［J］. 课程教育研究，2017（40）：15.

继续教育的对象本身就具备相应的理论知识基础和相对丰富的实践经验，针对这样一种特定的教学对象，单纯的理论说教很难引起学员的共鸣，也很难说服他们接受新的理念。因此，有效的双边沟通与交流是提升培训质量的重要方法。但是，受限于授课时间与法学继续教育组织者的理念，除讲授式以外的教学法在法学继续教育中应用的比率一直不高。

（3）教学针对性有限

法学继续教育中最令人头痛的就是教学缺乏针对性的问题。在相关问卷调查中，有一个非常明显的数据就是，很多学员来参加法学继续教育之前对授课的课程安排、内容等并不知晓，同样地，授课老师对学员的学历背景、知识储备及教学需求也往往一无所知。这种讲授者和授课对象之间缺少沟通的结果，使法学继续教育的教学缺乏针对性。当我们一味地强调教学方式的革新时，不能仅关注教学手段和技术的变化，而忽略教学方式革新的目的是为了更好地提升教育质量。落实到法学继续教育上，就是要弄清学员参与法学继续教育的具体目标，因此有必要在开展法学继续教育项目前即对前来上课的学员进行调研，了解他们的真实的需求。但是非常遗憾的是，这恰恰是目前法学继续教育中存在的一个很大缺漏。

法学继续教育的目的，不在于基础知识的传授，而在于通过法学继续教育课程进一步提升学员的实践能力。这就要求法学继续教育的教学要根据其特点进行。倘若学员参加法学继续教育的目的是为了更好地提高工作水平，那么授课就要围绕这个目的进行设计课程、实验新的教学方法。否则，针对学员的教学就不可能达到预期的目的。对法学继续教育涉及的课程安排、教学方式、授课教师都应该有特定的、经过甄别的选择。对课程安排而言，要契合培训学员的需求而拟定，要采取灵活多样的教学方式，以提升培训学员的工作能力。

（二）法学继续教育教学模式的改革创新设想

1. 网上教学

（1）网络教学的优点及运用

现代网络教学的出现，为我国继续教育的开拓发展提供了变革基础和条件。[①] 以互联网络和多媒体技术为主要媒介的现代网络教学，突破了培训空间和时间的局限，赋予了现代法学继续教育开放性特征。学员与授课教师、培训单位必须处在同一空间、同一时间的局限被网络教学所突破，因此网络教学将成为法学继续教育的重要教学模式，可以最大限度地拓展学员的范围。网络教学极大限度地利用着法学继续教育资源，满足学员个性化学习的需要，节省资源，高效有针对性地为学员提供教育服务。另外，网络教学能够赋予学员更多的学习自主权，学员可以根据自己的需要选择相应的课程进行学习。网络教学也可以真正实现因材施教，按照学员的类型、需求以及个性的不同，精准及时地为其组合相应的网络教学内容，达到个性化学习的目的。

网络教学在法学继续教育中的运用应注重优化学习内容和课程体系，在课程设计上采取模块化的模式：即按照课程类型、教学方向不同设计通识课程、基础课程、进阶课程、实践课程等教学栏目，这些课程可以由参与法学继续教育的学员按照授课安排或个人需求自由选择；在网络教学媒体的建设上采取多样化的模式，根据各种网络媒介工具的特点和优势，制作相应的文字教材、音像教材、授课课件以及网络直播课程。同时，应加强网络交流，针对学员参与法学继续教育的实际教育需求，创设相应的网络交流渠道，以实现能够及时回应学员问题、传输教学资源和个性化教学的教学目的。

（2）网络教学的实施中可能存在的问题及解决方法

虽然网络教学作为一种新兴的教学方式，能够为改善传统法学继

---

① 鲁婧，胡锐. 让远程教育成为继续教育转型的重要支撑［J］. 继续教育，2012，26（03）：11.

续教育带来积极的作用，但是尚未成为法学继续教育主流教学模式的网络教学在运行方面仍可能存在问题。一方面，不少地方高校相继成立了法学继续教育网络学院，以从事法学继续教育中的远程教育。但其精力仍然集中于普通在校学员的教学与管理上，其开展的网络教学主要在于培养学员数量的多少而不重视学员的教育质量，甚至部分高校未把将网络教学应用于法学继续教育当成应承担的一项重要教学任务来完成，而是作为高校发展的副业，仅当获取收入的手段。另一方面，现行法学继续教育中的网络教学仍然没有完全摆脱普通高校教育管理及教学模式，在教育思想、课程内容、课程设计、教学管理及教学方法上忽视了法学继续教育参与者的学习规律和特点，教学内容缺乏针对性，没有体现网络教学自身的特点，网络教学学习资源缺乏较为统一的标准，一些网络教学平台上的资源数量不足且难以做到及时更新。加之高校关于法学继续教育的培训教学的管理较为松散，不少学员参加法学继续教育的目的是为了完成工作任务而不是提升自身能力，学员本身对学习也不是很重视，所以学员参与网络教学的积极性不高。这就直接影响到人们对网络教学质量和其学员素质的评价，导致社会对法学继续教育中网络教学模式认识的混乱和评价的矮化。

针对前述问题的解决，一方面，地方高校应重视以网络教学为主的法学继续教育，意识到网络教学对法学继续教育的教学效果、教育质量所起的重要作用，将网络教学的发展作为学校一项重大的教学任务进行推进。另一方面，结合学员实际情况，创新基于现代信息技术平台的远程网络教学手段，创设针对性强、灵活实用、可选择性强的远程法学继续教育课程体系，开发适应多终端的数字化课程。充分发挥网络技术的优势，建立专门的课程网站、微信群、QQ 群等，针对学员关心的热点、难点问题，有组织地开展网络互动教学活动，通过师生、生生互动，帮助学员解决自主学习中遇到的问题，使教师在法学继续教育教学活动中的主导作用与学员的主体地位相辅相成，提高学员的学习效果。

2. 案例研讨式教学

（1）案例研讨式教学的优点及运用

案例研讨式教学，是以理论学习、实践案例等材料为教学内容，以讨论和辩论为教学形式，以实现教学相长为目的的一种教学方式。研讨式教学，尤其是案例研讨式教学，对参加法学继续教育的学员而言，是培养实践技能、塑造职业素养的一堂课程，是可以把理论知识与社会实际相连接的一座桥梁。[①] 案例分析是理论到实践的过程，是将所学的法律知识运用到社会实践的过程。正是通过对各种各样的案例进行研讨，学员们才能够不断地积累实践经验，培养实践能力，才能达到法律教育的最终目的。

法学继续教育中的研讨式教学有一套明显区别于传统讲授式教学的教学流程和要求。研讨式教学的流程大致可分为教学准备、教学实施两个阶段。在教学准备阶段，教师应在第一堂课上公布整个法学继续教育课程期间的教学内容（以向学员发放印制好的教学手册的形式进行），具体包括教学目标、上课时间和地点、研讨内容、相关阅读材料目录等。在教学实施阶段，实行小班教学（学员人数不超过 30 人）；每周上课 1 次，每次 1 小时左右；学员在教师组织下（把学员划分为若干小组），围绕既定题目进行研讨。在运用研讨式教学时，以案例研讨教学为例，应注重加强对学员的法律思维能力、法律推理能力、职业技能和职业素养的培养和训练，要求学员分析事实，寻找证据，在特定的问题中组织争议点，寻找法律依据，从而提高学员推理以及适用法律的能力。此外，分析价值和责任问题、批判性地思考问题，创造性地解决问题等，都是研讨式教学的重要内容。

案例研讨式教学的作用在于三个方面：一是将理论与实践结合在一起，让理论指导实践；二是提升学员综合各方面知识分析问题的能力；三是加强学员的写作能力和口头表达技巧。

---

① 任岳鹏，刘冠华. Seminar 教学范式之法治思维意蕴探析［J］. 中国法学教育研究，2016（01）：96.

(2）研讨式教学的实施中可能存在的问题及解决方法

研讨式教学在我国的法学教育，尤其是法学继续教育当中，尚属新兴教学模式，但是这种教学模式在西方国家已经沿用多年，已形成一套完整的体系可供我们借鉴。总结西方国家的研讨式教学经验，值得注意的是，在推崇研讨式教学对法学继续教育带来有益改变的同时，也应对其运行中可能存在的问题予以警醒。该种极度重视实践研讨的教学方式并不能很好地适应立法活动频繁和社会现状日新月异的当下。在法学继续教育中应用研讨式教学，其弊端也逐渐显露出来。归纳而言，有以下四类问题：问题一是用于教学的案例普遍滞后于时代，教师往往采用陈旧的“经典”案例来让学生进行研讨，并且为了满足研讨的需要，通常都会对相应的案情进行改编，但这种改编通常是为了迁就老师所设计问题的学术逻辑而忽略了社会实践现状的变化。面对这些案例，学生们的逻辑思维和学术理论水平或许能有所提高，但对丰富实践经验者可能并无裨益。问题二是研讨式教学方法的运用更侧重于对学生案例分析能力的提升，但对帮助学生形成系统的法律知识理论体系作用不大。由于研讨式教学的载体是个案研讨，个案中所蕴含的法理和法律往往是片段式的，所以只关注研讨式学习的学生无法很好应对强调立法成文化、体系化的当下，自然更难以理解法条的原意以应对实践。问题三是案例研讨式教学只关注法学领域的知识，缺乏交叉学科学习的视野。现实中的案例所牵涉的不仅仅是法学领域的知识，还涉及其他人文社科和理工科类方面的知识，有效应对现实中的案例自然需要学生具有丰富的知识储备，而缺乏交叉学科引入的案例研讨式教学显然难以满足学生知识广度的提升。问题四是研讨式教学着眼于学生法律运用技艺的提升，但是忽略了学生职业道德伦理和公平正义观的培养。这可能导致学员“沦为”机械运用法律的工匠，而缺乏对公平正义的法律价值的坚守。

综上所述，在法学继续教育的教学方法革新上，案例研讨式教学有其固有的优点，但也应注意其弊端，并通过教学方法的革新弥补其不足之处。案例研讨式教学的革新应跳脱出只重法律适用的局限，而将视野放宽到法律知识体系的整体架构和创新思维的培养当中。所以，研讨问题的设计就不能只简单地关注法条的运用，而是应将目光投射于问题成因的分析、实践现状产生的诱因以及制度完善等方面。这有助于培养学生从执法者、司法者以及立法者等多个身份、多种层次进行问题的考虑，切实提升参与法学继续教育学员的知识综合运用能力。总而言之，案例式研讨教学法在法学继续教育的教育方法研究中还不足以达到示范性强、体系完整的程度，应根据法学继续教育的特点及案例式研讨教学法的特色，将两者进行有机结合，进而完善案例教学法。在完善案例研讨式教学法的过程中，应加强信息技术的运用，引入法律数据库、实务教学软件等电子信息技术，同时还应结合课后反馈、课程效果检视等环节，以期达到更好的教学效果。

3. 模拟现场教学

(1) 模拟现场教学的优点及运用

模拟现场教学法，是根据教学目标，在课堂上模拟社会真实事件的发生、发展过程，让学生以角色扮演的方式亲历仿真情境中的人、事、物，亲身体验某些角色的地位、处境以及工作要领和技巧，进而实现教学内容的加速传授和能力的快速提升的教学方法。西方国家已将模拟现场教学法广泛应用于培训公务员，收效显著。[①] 实践证明，在法学继续教育课程设计中，运用模拟现场教学法能起到较好的培训效果，尤其是运用到某些注重实操的学科当中。模拟现场教学法在学生的学习主动性的调动及团队学习的氛围养成上，都有显著成效。

模拟现场教学法强调学习的情景性、参与性和主动性，以获得经验和提高能力为教学的核心内容。而参与法学继续教育的学员的学习目的更多是为了提升自己解决实际问题的能力。另外，成人学员具有较强的合作能力、明确的学习目标和积极的主动性。因此，模拟现场教学法的特点、方式与参与法学继续教育的学员之间的目的、特点是较为契合的。模拟现场教学法提升学员实际解决问题能力的方式，主要是通过营造实务问题产生的案发情境，让学员在仿真情境中运用其

---

① 高选. 基于公务员培训视角的情景模拟式教学 [J]. 继续教育，2010，24 (01)：18.

知识、经验等储备去应对问题、解决问题，使理论和实践在情境的变化中有机结合。

模拟现场教学法的模式与讲授者为核心的讲授教学法迥异，其有专门的教学范式和教学要求。首先，模拟现场教学法强调课前组织工作的高质量开展，要求根据学员的人数、教学的时长以及内容等因素，布置学员的课前准备工作。其次，教学案例的设计应符合恰当、科学的原则。模拟现场教学法的核心关键即在于教学案例的选用上，其选用的案例恰当、科学与否，将直接影响模拟教学的质量。在设计教学案例时，备选案例应满足贴近学员工作实际且具备一定的难度和复杂性的条件。再次，在正式模拟开始前，教师应向学员说明教学的实施流程和各个环节的时间控制。正式进入模拟时，教师应注重对整个教学流程的把控，根据学员具体演练的情况适时对教学节奏、课堂气氛进行调整，进而使得教学能够顺利完成。最后，在模拟演练结束之后，教师应立即对学员表现予以点评。教师的点评是模拟现场教学的关键环节。模拟演练结束后，学生已经对实践问题的处理有了一定的经验，而教学点评能够指出学员表现的不足之处，让学员就此进行反思，对经验予以抽象升华，化为自己知识谱系的一部分。应当说，教学点评是决定学员知识扩充和能力提升的关键所在。此外，还可以进行学员互评，让学员交流扮演不同角色的内心感受，帮助学员换位思考。

（2）模拟现场教学的实施中可能存在的问题及解决方法

模拟现场教学在我国的法学继续教育教学中还未广泛应用，因此教师和学员对此种教学模式并不熟悉，故而模拟现场教学的实施中可能存在问题，值得注意。进而言之，模拟现场教学强调以学员为主体，以学员的发展为中心，据此，模拟现场教学法的顺利实施与学员的配合度关系甚大。但在实践中，由于学员间可能互不熟识，因此在正式模拟现场演练可能出现相处拘束、配合不当的情况，进而影响现场模拟的效果。另外，既然模拟现场教学是对复杂现实的模拟，因此模拟的失真性和案例选择的滞后、简单都可能导致学员无法进入角色，无法唤起学员在处理真实事件时的紧张感和思考，导致模拟现场教学沦为“走过场”的教学活动。

针对上述问题，在法学继续教育教学中运用模拟现场教学时应首先注重对学习氛围的营造。模拟现场教学需要学员以小组的模式进行学习，开展团队协作。通过小组学习的模式，激发学员的智慧和默契，在研讨中互相学习、共同进步。因此，为了提高学员在团队的融合、熟悉程度，要尽量营造和谐、信任的学习小组氛围。模拟演练课程应排在法学继续教育课程总安排的中后期，课程总安排的前期应提供机会让学员彼此磨合、消除陌生和增进友谊，为演练课程的顺利实施做好前期铺垫工作。其次，应尽可能地强化模拟演练案例现场的仿真程度，也即尽量还原案例的真实情况。由于模拟现场教学的特点在于让参加法学继续教育的学员在仿效真实案发情境的课堂中进行练习，因此教学课堂必须要最大可能地还原真实场景，唯有这样，学员才能更好地学会如何在司法实践中运用所学到的知识来处理相应的问题。故而，为了取得较好的教学效果，教学所适用的案例也应贴近事实，最好的来源是真实案例，而且在条件允许的情况，教学场景的布置要逼真，为此需要进行必要的硬件准备。

四、教学评价机制建设

法学继续教育工作是以教学为中心、以质量为生命线的。建立完善的法学继续教育教学效果评价机制，是检验法学继续教育效果和不断提高教育质量及改进教学方法的科学依据。

（一）教学评价机制建设的必要性

1. 有利于提升教学的质量和管理水平

开展法学继续教育教学评价机制建设活动的目的在于完善课程的管理和教学水平，进一步提升法学继续教育质量。建立教学评价机制是加强教育培训管理的必要手段。[①] 开展法学继续教育教学评价活动

① 胡锐. 发挥高校资源优势拓宽培训新视野——以武汉大学为例 [J]. 高等继续教育学报，2014，27（03）：40.

自然需要有相应的评价标准体系，教学评价机制的作用在于，其所积累的反馈、评价数据能够对未来法学继续教育工作的延续、发展起到规范、指引作用，使得课程项目的管理更加符合科学性原则和规范性原则，进而更好地提升法学继续教育的教学效果。同时，作为一套评价体系，法学继续教育的教学评价机制自然会对各个课程项目的教学效果进行优劣评判，依据评判的结果，相应的授课人员和管理人员才能明确往后继续教育工作的教育、管理质量的增长点以及努力的方向。

2. 有助于调动教师工作的自觉能动性

开展法学继续教育教学评价机制建设活动，有助于调动教师工作的主观能动性，进而促进教育质量的进一步提高。在法学继续教育教学评价的过程中，教师的授课水平自然是评价的重要对象。学员主要根据授课老师的态度、课堂体验及所学收获对老师的授课水平予以评价。而获得好的评价也会使得授课教师的荣誉感得到最大限度地体现和满足，从而激励教师努力工作。其次，通过对教育效果的评估，授课教师可以全面了解法学继续教育工作的效果，并能了解到自身的授课还有哪些可以提升、改进的地方，从而进一步提高教学水平，以取得更好的教学效果。另外，还可以考虑将奖励机制、升职晋升等方面与授课老师获得的教学评价挂钩，以激励广大教师努力提高教学水平。

（二）如何建设长效的教学评价机制

1. 确立教学评价主体

在法学继续教育教学评价机制中，评价主体并非是唯一的，其主体是根据评价内容和评价流程的不同而不同。应充分发挥评价主体的功能定位以及客观性，同时避免评价主体的单一化，以保证教学评价机制的准确性。具体而言，根据法学继续教育教学评价内容与评价流程的规划，教学评价主体主要可分为两类，一是承办法学继续教育课程的相关组织人事部门，二是参加法学继续教育的学员。就前者而言，由于组织人事部门统筹安排各类教育课程项目和授课人员，其对整个法学继续教育的流程进行了较为全面的把握和了解，他们可以从宏观的层面把握工作的目标及方向，同时能够有效地组织相关专家针对性地对法学继续教育工作提出指导意见，进而更好地发挥其对法学继续教育工作的指导、监控等作用。就后者而言，参加法学继续教育的学员亲历了整个课程项目，对整个法学继续教育活动的效果、体验优劣有最为直观的感受。作为接受法学继续教育的对象，在经过整个法学继续教育课程后，针对师资水平、授课状况以及教学管理等情况，学员的评价是直接真实的，同时也是最有针对性的。除了前两者之外，在条件允许的情况下，也可以将学员所在单位纳为多元评价主体之一，因为学员所在单位能够直观了解到，在经过法学继续教育课程之后，回到工作单位后的学员的工作理念、工作方式等相较之前是否有所提升，学员所在单位的评价意见对法学继续教育的教育效果评价是有益的补充和参考。

2. 明确教学评价内容

（1）对教学计划和方案合理性的评估

在法学继续教育课程开展之前，应当让相关人事组织部门对整个课程的教学方案进行总体、多维度评估，并针对其中不足之处及课程可能出现的问题提出解决方案。采取的评估方式是负责相应法学继续教育项目的学院，将课程相应的教学方案提交给相关组织部门，再由负责统筹协调的部门牵头组织专家评委对教学方案开展评估工作，评估完成后，再由项目实施学院根据反馈的评估信息对项目计划和方案进行修改和完善。法学继续教育课程开始前的评估实质上是一种对课程实施情况的预期满意度评估，并不需要非常细致的精确性，因此，往往采用定性而非定量的方式进行评估。这种定性评估的目的是为了让项目实施学院根据相关人事部门的科学准确的指示，对整个项目流程各个环节的实施质量进行把控和改善。

（2）对师资水平、课堂教学效果和学习情况等的评估

在法学继续教育课程进行的过程中，要对教师教学效果、学员学习情况、教学管理状况三个方面进行评估。法学继续教育的课程项目

可能涉及很多环节，但其项目的核心，也是影响教学评估的关键，集中体现在每堂课的教学上。课堂教育是法学继续教育最重要的环节，也是教学质量的重要载体，学员主要通过面对面上课的方式接受法学继续教育。因此，教师授课水平、授课方式直接影响法学继续教育的教学成效。教师借助课堂授业解惑，帮助学员掌握最新的理论知识，了解实践问题以及懂得问题的解决方法。学员觉得在课堂上有所收获，对教师的评价自然高；反之学员认为一无所获，则自然对相应的课堂评分较低，也自然说明该教师的授课水平仍有待进一步提升。因此，对课堂效果进行评估是教学质量评估必不可少的一部分。

对课堂教学效果进行评估，最准确的评估主体莫过于上课的学员。学员对课堂效果的评估内容，应当涵盖课题方向、内容深度、教学方式、教师态度及课堂氛围等方面。评估方式主要以定量评估为主，由学员在每堂课上完后当即进行打分。除定量化的打分评估外，定性评估也必不可少，例如可以让学员在项目结束后对课程的整体观感进行评估。只有采取综合的评估方式，才能客观、全面反映课堂教学效果。

教和学是影响法学继续教育教学效果两个不可分割的方面，在对课堂教学效果进行评估的同时，也要对学员的学习情况进行评估。学员的学习态度、课堂作业完成度及课程考核分数都是学员学习评估的内容。对这方面的评估，要侧重看是否对学员进行严格的学习考核，如果没有考核压力，学员学起来可能会敷衍了事，消极应付。具体评估主要看采用的考核方式对调动学员学习积极性产生多大影响。

（3）对教学管理工作的评估

对教学管理的评估，主要评价标准为制度建设的完善性。例如是否确立一定的激励奖惩制度来激发教师的学术热情和授课热情，提高自身的学术能力和授课水平；是否定期开展人才引进活动，吸引更多优秀教师参与到法学继续教育当中，优化法学继续教育的教学资源；是否定期开展授课教师的培训计划，对授课教师的备课、授课水平做进一步的提升；是否确立了教学事故责任追究制度，以提升授课教师的责任心和保障课堂教育的顺利进行等。

3. 规范教学评价的流程

建立一套层次清晰、关系合理的教学评价流程，是保证法学继续教育教学评价机制成功运行的基础。规范教学评价的流程是法学继续教育规范化和程序化的要求，因为教学评价贯穿于法学继续教育的全过程，每一个环节都要进行评价评估，而各个环节的评估又必须相互衔接。合理的流程设计既要科学有效，又简便高效。常见的评估流程主要涵盖四个阶段，分别是评估的准备、实施、分析及结项四个阶段。评估的准备阶段所要进行的工作主要是前期预备工作，包括确立评估目标、计划、方式以及选任评估人员组成评估小组等。而评估的实施阶段则是组织评估主体开展评估活动，收集评估数据，汇总评估信息等。评估分析阶段则是评估活动中的关键环节，该阶段要完成的任务是将评估信息、数据进行统计，随后进行理论、现状、原因分析，然后根据分析的结论撰写评估报告。评估结项阶段的任务则主要是完成两方面的工作，一是将评估结果予以公开，二是将评估结果进行存档备查。要规范法学继续教育的评估流程，则需要按照四个阶段有顺序地规范开展评估活动，并落实相应的任务，才能达到较好的评估效果。

4. 建立教学评价机制配套的相关制度

（1）建立定期回访制度

检验法学继续教育培训结果不仅需要借助学员对教学模式和教学质量的评价，还需要通过学员在结束法学继续教育课程后回到工作岗位的工作表现来反映。因此，需要建立定期回访制度。在学员结束培训回到原工作单位后，法学继续教育课程的组织管理者采取多种交流手段，对参训学员以及单位进行回访，检验课程对学员能力的提升以及实践工作的改善效果。定期回访制度建设涉及回访时间、回访方式等的确立。回访时间的确定不宜过长，亦不宜过短，应根据教学内容以及参训学员的工作性质等因素作灵活的调整。回访方式也应利用多样化的信息交流手段，例如可以设立专用的课程网站，在网站上定时公布相应的法学继续教育课程信息，添加网络学员交流论坛和增设课程建议、反馈网络信箱等，进而方便学员了解课程概况、学习交流以及汇报工作情况；亦可以采取实地考察回访的方式，由法学继续教育承办单位带队到学员所属单位进行实地调研，从而获取最新的实践资料，进而有针对性地对教学方案进行改进；同时还可以借助网络通信工具，例如QQ、邮箱、微信等建立网络信息反馈平台，借助网络通信的便利，及时收集学员们的反馈意见，了解课程教育对学员工作的实际帮助，同时也便于课后对学员的跟踪指导机制的实施。

（2）建立评价结果反馈制度

建设教学评价机制的根本目的是为了进一步提升教学质量，因此评价结果反馈制度的建立是必不可少的。结果反馈制度要求及时将评估结果反馈给法学继续教育的组织管理者。评估结果反馈的重要基础即是教学评价报告，撰写评价报告时要以事实为依据，对通过教学评价制度所收集的信息进行分析，好的方面要总结经验，不好的方面要予以改进，提出建议和对策。评价报告撰写完毕后，应及时将评价结果反馈给承办学院和授课教师，对评价结果较好的承办单位，在授课任务安排上予以优先考虑及相关政策支持；对课程评价不合格的承办单位分析存在的问题并督促其进行整改，从而提高教学质量；对违反法学继续教育工作有关规定的，应要求其尽快根据反馈结果进行自查反省，并做出整改和调整。同时，应实行评价结果备案制度，将各期课程质量评估情况予以备案，作为以后制定课程计划的参考依据。

第六章　拓展法学继续教育的管理建设

一、法学继续教育管理制度建设

尽管人们对“制度”有不同的解释，但人们已经认识到制度的重要性。一般来说，制度对人们实现行为目标的影响很大，影响人们社会生活的制度更是数不胜数。法学继续教育管理制度作为规范继续教育内容的重要手段，也是依法治校的重要前提，其主要含义是根据管理目标建立适合自身的规章制度，从而促使各项管理工作更加规范化、科学化、高效化。本章所要研究的主要是法学继续教育的管理制度，其内容有三个方面：管理制度的重要性，制度建设中应注意避免的问题和主要关注的问题。

（一）管理制度建设的重要性

随着继续教育在高校发展中发挥着越来越重要的作用，继续教育逐渐从高校的边缘向高校的中心转移，并受到社会各方面越来越多的关注和期待。高等法学院校在自身不断发展中，如何解决法学继续教育的各种矛盾和问题，理顺各种关系，提高管理水平，是一个亟待解决的问题。健全有效的规章制度能够更好地规范人与人、人与组织、组织与组织之间的关系，维护学校的良好秩序，激发师生的积极性和创造性，提高管理效率，促进学校的发展。哈佛、耶鲁等大学之所以能够成为世界顶尖大学并保持蓬勃发展的能力，就是因为他们重视并逐渐形成了一套科学的管理体系。

为此，法学继续教育应当重视并加强规章制度建设，以此维护办学秩序，推动法学继续教育向前拓展。

（二）制度建设中应注意避免的问题

1. 制定文件的主体混乱问题

继续教育管理涉及的工作方方面面，但对于哪些规章制度必须由学校制定，哪些规章制度由职能部门制定这个重要问题，许多学校没有作明确的规定，由此造成规章制度的制定主体混乱。

2. 内容不一致或冲突问题

大多数继续教育规章制度在内容上或多或少存在着不一致或冲突。一是不同职能部门制定的文件不一致或冲突，二是同一职能部门先后制定的文件不一致或冲突。

3. 不重视实施的正当程序原则问题

所谓“正当程序原则”，是指行政主体在做出影响相对人权益的行政行为时必须遵循正当法律程序，包括告知相对人所实施行为的根据和理由，听取相对人的陈述、申辩，事后为相对人提供相应的救济途径，以保证所做出的行为公开、公正、公平。① 正当程序原则源于英国行政法上的自然正义原则，即一个人不能在自己的案件中做法官，人们的抗辩必须公正地听取。② 在田永诉北京科技大学案中，法院认为：“按退学处理，涉及被处理者的教育权利，从充分保障当事人权益的原则出发，做出处理决定的单位应当将处理决定直接向被处理者本人宣布、送达，允许被处理者本人提出申辩意见。北京科技大学没有按照此原则办理，忽视当事人的申辩权利，这样的行政管理行为不具有合法性。”由此可见，在制定和实施规章制度的时候，必须考虑遵循正当程序，否则即使事实清楚，证据确凿，但学校的管理行为或决定却不合法。③

① 刘标. 高校规章制度的行政法学分析［J］. 苏州大学学报（哲学社会科学版），2004，(4).

② 威廉韦德. 行政法［M］. 北京：中国大百科全书出版社，1997.

③ 最高人民法院公报［J］. 1999，(4).

4. 规章制度实施日期不明问题

规章的实施日期是规章制度不可缺少的组成部分。继续教育规章制度作为学校继续教育管理的主要依据，应当对实施日期做出明确规定，特别是在运行流程、奖惩、福利等方面。

（三）在法学继续教育管理制度中应着重关注的问题

1. 全面性

法学继续教育管理制度应当具有全面性，宏观内容应涉及中央、地方对继续教育办学的管理，微观内容应包括招生管理、教学管理、学生管理、后勤管理等。例如，在教学管理方面，应认真制定完善的适合继续教育发展的教学质量监控体系，包括督导工作制、教研室管理办法等，狠抓教学质量管理；在学生管理方面，应参照全日制管理的相关规定，根据继续教育的特色，制定适合在校法学继续教育学生的规章制度，包括评优评先制度、日常行为规则等，将学生的安全稳定工作和学风建设工作贯彻落实下去。

2. 科学性

法学继续教育管理制度应科学改革并创新现代化的教育管理理念，优化日常开展的教育管理工作，深化教育管理方法，促进教育管理各环节的教育管理理念更加规范化和科学化，科学安排教育管理内容，将学生思想道德与素质教育融入教育管理中，使人才培养符合当下社会中多元的客观需求，满足各层次学生个性化的需求。

3. 可操作性

法学继续教育管理制度应注重可操作性，将教学职能科学地进行分解，增强宏观的规划和指导职能，并给予管理人员确定的自主权，实现学院的管理效能化目标，并进一步提高高校教学管理的效率。

4. 协调性

法学继续教育管理制度要以学生、教师为中心，实现学生与教师的共同发展。法学继续教育管理制度应协调好学生的差异性与个体性，重视培养学生的创新意识、创新精神与创新能力。此外，法学继续教育管理制度应借助发展的目光深层次地认识教育管理工作，协调好新时代社会发展的需求与较落后的传统教育理念之间的矛盾，不断调整使教育管理工作更加优化合理，满足新时代对人才的需求。

二、奖惩机制创新

从管理建设的角度看，教育创新需要适宜的环境和条件。这种环境和条件是否具备，就教育制度本身而言，在很大程度上由奖惩制度决定。有效的奖惩机制可以将个人绩效与单位管理目标紧密结合起来。通过对员工工作绩效的反馈，帮助员工发展自我，为未来继续教育的发展储备人才，帮助培训绩效较差的员工，消除人力资源的“木桶效应”，促进团队整体绩效的提高。通过奖惩机制，将合适的员工安排在合适的岗位上，可以为学校节省巨大的劳动力成本，减少继续教育管理的难度。

（一）奖惩机制的重要作用

1. 维护正常的办学秩序，推动各项工作顺利开展

目前继续教育管理中存在的问题，我们要理顺管理制度，提高管理绩效，促进继续教育的发展。而奖惩机制是管理建设的一个重要组成部分，可以为高校整体的管理提供充足的依据与建议，对高校的发展至关重要。奖惩机制可以分为内部奖惩和外部奖惩，本文所讲的奖惩是针对拓展法学继续教育的内部奖惩机制。

2. 调动教师工作积极性，提高工作质量和效率

从个体来说，奖惩机制可协助教师改进教学行为，促进教学改革，提高科研水平。在把信息机制反馈给教师后，使之反思教学行为，以便扬长补短，提高科教成果，并且可以就教师教学表现的不足提供教师适当的在职进修课程和职业规划，以促进教师的个人职业发展。

3. 提升管理档次，鼓励职工实干

法学继续教育的良好运行，不仅需要专职教师和兼职教师的努力，还需要有一批积极肯干的管理干部的努力。奖惩机制的引入可以更好地鼓励职工多劳多得，激发他们的工作活力。

（二）目前高校奖惩机制建设应注意的问题

1. 公平合理性

建立健全奖惩机制的标准，实现标准的科学性和公平性，营造公平的环境，加大对优秀人才的奖励力度，对不良行为应进行惩罚，通过制定科学合理的奖惩制度，树立良好教师形象，激发教师工作的积极性。

2. 可操作性

奖惩机制需具有可操作性，客观考核工作难度与强度，实现工作难度与工作强度的综合平衡，奖惩制度具体细化，使相关条例更加具体和周密，使教师能够具有明确的工作目标，做好岗位职责的工作。

3. 效用性

奖惩机制不仅要关注教师工作任务的完成情况，还应关注教师的自身需求及发展需求是否得到有效满足，必须从教师需求的角度不断完善奖惩机制，才能够最大限度地激发教师的工作热情，发挥奖惩机制的最大效用。

三、拓展法学继续教育管理队伍的建设

继续教育是建设学习型社会的重要渠道，是建设法治社会的内容之一。在法学继续教育管理队伍建设中，管理队伍的稳定性对法学继续教育管理队伍建设起着重要的作用，有利于维护教学秩序，提高教学质量。继续教育管理队伍的素质和能力直接影响着行政工作的水平和效率。目前，我国法学继续教育管理队伍的素质普遍较低，提高管理人员的职业素质，加强管理队伍建设显得尤为迫切。因此，研究法

学继续教育管理团队建设具有重要的现实意义。

（一）管理队伍建设的重要性

大力发展继续教育是建设学习型社会的重要途径之一，也是新形势下高校的必然选择。继续教育管理团队在稳定学校秩序、提高教学质量、维护学校声誉等方面发挥着不可替代的作用。高素质的管理队伍是开展和推动继续教育活动的骨干力量，是继续教育快速、健康、可持续发展的根本保证。管理团队的素质和能力直接影响着行政工作的水平和效率，进而影响教学任务能否正常开展，最终决定继续教育的管理水平、教学质量和社会声誉。因此，加强继续教育管理队伍建设，培养作风坚韧、素质优良的继续教育管理队伍迫在眉睫。

（二）管理队伍中存在的问题

1. 继续教育管理队伍地位不高

高校继续教育学院（成人教育学院）与其他职能部门相比，往往在学校中处于不太重视的部门。其管理工作逐渐成为高校的一个被遗忘的角落，各种晋级和年终评优、评奖名额较少，没有职位晋升，薪酬也不高。其结果是，继续教育管理者情绪低落，工作积极性不高，进一步影响了继续教育的可持续发展。①

2. 继续教育管理团队缺乏专业的管理知识

目前，在高校继续教育管理队伍中，教育管理专业或与教育相关专业的人才很少。他们中的大多数来自非教育管理专业，通常不会系统地研究高校教育理论和教学管理理论，也没有经过专业的培训，必然导致高校继续教育管理团队的日常管理主要依赖过去的经验积累，缺乏专业的和科学的管理。②

---

① 盛荣. 论高校系级行政管理队伍建设的若干意见 [J]. 湖南科技学院学报，2009，(9).

② 赵云昌，王春，孟凡茹. 加强高等学校继续教育管理队伍建设研究 [J]. 中国成人教育，2011，(20).

3. 高校对继续教育管理队伍缺乏必要的培训，没有形成良好的学习体系

目前，我国大部分高校继续教育机构还没有建立起岗前培训制度和岗后学习制度，大多数继续教育管理人员在上岗前没有接受过系统的专业培训。入职后，为了应付日常琐碎的管理工作，他们没有时间和精力接受专业知识的再教育，也没有时间接受在职培训，系统地学习先进的管理知识。也有一些管理人员从其他部门或者专业岗位调动过来，在管理过程中使用或照搬通识教育的管理方法，缺乏科学性和针对性。致使“本该作为实现终身教育重要途径的普通高校继续教育管理机构本身却没有建立起终身教育体制”，[①] 从而使其管理团队没有更新他们的知识和思想，不能熟练应用科学技术来管理，不能适应现代继续教育管理工作发展的需要。

4. 继续教育管理团队缺乏参与科研的意识和能力，学术氛围不强

目前，中国普通高校的继续教育管理团队整体科研素质不高，大量的继续教育学院没有制定科研管理体系，缺乏科研环境和学术氛围，使普通高校继续教育管理者只知道埋头解决具体事务，忽略了科学研究和理论学习，没有及时总结实践经验和管理经验。虽然有些高校有学术和科研的要求，但是很多管理者由于自身的职称和科研能力有限，无法独立申请和完成相关项目。

（三）加强管理队伍建设的措施

1. 加强制度建设，保证高校继续教育管理队伍的地位

普通高校应加强制度建设，明确规定继续教育管理者的待遇和奖惩措施，明确提出管理人员要求达到的素质，逐步扭转继续教育的“边缘”地位，并改变管理团队地位低下的局面，进而形成一支素质

---

① 张燕. 试论我国继续教育培训现状及如何提高继续教育质量［J］. 中国建设教育，2011，(Z3).

高、能力强、业务精的继续教育管理团队。

2. 普通高等学校应该建立有效的继续教育培训和学习体系

终身教育的概念要求从事高校继续教育的工作人员保持学习，经常接受旨在改善他们的专业知识、专业技能和职业道德的继续教育培训，逐渐成长为一个专业继续教育管理者。

3. 继续教育管理人员应加强自学

继续教育管理人员不仅要熟悉与继续教育有关的法律、法规和政策，还要能跟得上国内外继续教育的最新变化，不断更新、充实和扩展自己的知识结构，不断提高自身综合素质，增强竞争力。

4. 高校应依托学术研究机构开展继续教育研究工作

目前，全国有继续教育协会、中国成人教育协会，各省有继续教育协会、各级成人高等教育研究院和继续教育研究机构，为整个继续教育研究提供了平台，普通高校要利用这些专业学术团体定期开展科研项目、学术研讨、论文收集、出版学术期刊等活动，开展继续教育科研工作，现代社会需要的是一个既能管理又能研究的复合型管理者，要使高校继续教育管理者认识到，科研是关系到教育质量和声誉的大事，科研对于基础理论薄弱的高校继续教育具有更为深刻的意义。高校继续教育办学应组织管理人员参与理论研究，提高管理人员的科研素养，用正确的继续教育理论指导办学实践。加大科研投入，明确任务，确定研究课题，提供资金、资源和时间，重点支持继续教育领域的学术带头人，倡导严谨治学，鼓励多出成果。加大科研成果奖励力度，实现科研成果与晋升加薪挂钩，营造人人参与学术研究的科研氛围。①

① 孙靖靖，高臬. 以教学评估为契机加强高校管理工作［J］. 辽宁医学院学报（社会科学版），2008，(3).

四、法学继续教育管理机构的设置以及运行机制建设

一般来说，法学继续教育选择什么样的管理体制和运行机制与其办学宗旨和办学传统密切相关。普通高校作为学历教育的办学机构，过去一直以学历教育为主，继续教育其中的职业培训部分，是为了满足社会的需要，根据学校学科的优势与优秀的教师为社会工作者开展的新知识、新理论、新方法的提高性教育。如果一所大学把社会服务放在重要位置，学校的办学目标与社会经济发展、社会实践密切联系，那么继续教育就会得到精心组织，周密规划，综合协调，力争使继续教育规范化、制度化，并使其可持续发展，否则继续教育将局限为院系职能延伸的一部分，局限为教师的个体化行为，这样的继续教育是不可能大规模发展的。

（一）法学继续教育管理机构的设置

当前，随着我国经济、社会、科技和教育事业的快速发展，建设学习型社会和创新型国家的社会氛围正在逐步形成。在这种情况下，大多数高校开始把继续教育作为学校发展的一个新的增长点，一般按照因势利导的原则来规划和设置机构，这个“势”包括责任、范围和权利。如果继续教育学院代表学校相对集中管理的职能，至少应该有四个部门来维持法学继续教育的管理工作，包括继续教育的综合管理部门，项目研发与对外联络部门，项目实施部门，后勤保障部门。[①]

1. 综合管理部门

综合管理部是针对全校的继续教育管理部门，它的职责是负责制订相应政策和规范，对各培训项目进行备案和统计，对外发布信息等一系列管理与服务工作，它的核心工作目标应该是统一规范、评价考核、促进发展。

① 史志谨. 关于教师职后教育的思考［J］. 教师教育论坛，2014，(1).

2. 项目研发和对外联络部门

项目研发和对外联络工作在许多高校的继续教育中并没有得到足够的重视，原因是大多数高校的非学历培训项目来自企事业单位或政府部门的委托。这种委托培训大多带有明确的“订单”标签，即有明确的培训目标和培训方案，这种情况导致高校的项目研发、课程研发、对外联络变得可有可无，这种“来料加工”式的培训仍然处于教育培训的初级阶段。要改变这种状况，就必须重视项目研发，以学校学科和教学资源优势，创建继续教育“精品项目”，提供菜单式培训项目供社会选择，同时主动开拓市场，通过创新产品来引导培训消费潮流。从这一点上看，项目研发和对外联络就成为继续教育可持续发展的根本保证之一。

3. 项目实施部门

项目实施部门是专门从事教学组织和管理的部门，这个部门由班主任、教学管理人员组成。如果项目很多，可以依据项目组对应分成若干个项目执行组。其实，研发与执行是两个相互联系、不可分割的一个整体，是一个流程的先后两个阶段。一旦研发形成传统、形成规范，项目研发主持人也可以归并到项目实施部，使研发与教学组织形成一体。法学继续教育的项目实施部可根据培训对象的类别，分为若干个，例如司法干部培训部、党政干部培训部、律师项目培训部等。

4. 后勤保障部

后勤保障是培训工作不可缺少的，其职责主要是负责住宿、餐饮、教室、车辆交通、物资采买等各项工作。后勤保障对于继续教育是极其重要的，特别以面授为主要形式的培训工作，如果没有专门的住宿、餐饮、教学场地，其培训的效果和效益会大打折扣，在很大程度上会影响学校的对外声誉。学校应该加大对培训教育的投入，辟出专门场地，建设专门的培训基地，使餐饮、住宿、教学形成一个整体，供全校各类培训工作使用。

（二）法学继续教育的运行机制

运行机制是指在确定管理制度和机构职责后，能够保证各机构协调、灵活运行的管理方法和措施。鉴于继续教育的特殊性和现实性，应建立以下运行机制。

1. 统一协调的管理机制

所谓统一，是指学校只能由继续教育学院举办继续教育，要统一备案，统一宣传口径，统一颁发证书，统一评定标准，统一对外发布信息等。所谓的协调是指在备案的基础上，对内容相同（近）、对象相同（近）的培训班进行协调，尽量避免在校内不同单位同一时间举办两个或两个以上的相同培训班，以免造成混乱。

2. 市场运作机制[①]

如果我们把高校的学历教育招生，按固定的培养方案教学、接受国家资助拨款看作一种“计划经济”的行为，那么继续教育是完全绝对的独立研究培训计划、独立制定培训方案、独立开展教学工作，并从中取得经济效益，这是完全属于“市场经济”的行为。

事实上，目前我国的教育培训已经形成了巨大的市场，各类培训机构竞争激烈，基本都是按照市场机制来运作。高校要进入教育培训市场，就必须建立市场运作机制，按照市场规律办事，增强自身竞争力。

高校继续教育建立市场运作机制，其核心在于财务管理制度的革新。由于培训工作没有固定拨款，且需要大量的项目开发和对外联络，因此在财务管理上应实行独立核算制，建立合理的收入分配方案，授予其相对灵活的经费使用权。

独立财务制度可以分为两个层次。第一级是继续教育部门的独立核算，第二级是培训项目的独立核算。独立核算制度有利于全体员工节约成本、减少费用、增加效益，也有利于建立激励约束机制。

---

① 田维斌、吴云汉、易平贵. 高校非学历教育管理体制与运行机制研究［J］. 当代继续教育，2014，(32).

合理的收入分配方案应有利于调动学校和学院的办学积极性，最大限度地调动各部门的积极性。收入分配方案也可以分为两个层次，一个是学院和学校的比例，另一个是学院和项目组的比例。由于继续教育中的投入较大，如果学校的比例过高，可能导致学校和部门的继续教育工作不能正常运行，这将极大地阻碍继续教育工作的发展，更不利于学校的发展。对于学院与项目组的分配比例，要考虑收益和综合平衡。一般应遵循“多劳多得、高效优酬”的原则，最大限度地调动研发人员和项目组成员的积极性。

资金使用权相对灵活，是指继续教育接收部门在独立核算和两级划分的基础上，对收入资金有相对灵活的控制。这种权利包括成本支出、事业发展留用、人员奖励基金。学校用于继续教育收入的资金，除了提取必要的比例外，一般不应给予过多的干预。①

3. 灵活的用工机制

普通高校的用工机制比较僵化，有进不出，有升不降。这对继续教育事业发展造成了一定程度的影响，对于非学历教育培训的人才使用更具有挑战性，因为每一个培训项目的建立和举办都需要创新和探索，这就需要高素质的人才。②

如果我们继续使用传统的机制，将会影响继续教育事业的发展。因此，继续教育学院应根据市场规律行事，实行灵活的用工机制。特别是项目研发和项目实施部门应享有用工的自主性，从而使人才能够进退，上下移动，汇聚优秀的人才，淘汰不适合培训工作的人员，精简人员提高办事效率。

4. 激励约束机制

人的需求是多方面的，除了生存安全的需要，还有被理解被尊重、追求事业成功、追求荣誉和地位的需要。要调动全体人员的积极性，必须建立激励机制。激励机制首先应体现在收入分配上，其次应

① 陈键振. 关于普通高校继续教育管理模式的思考 [J]. 科技资讯，2010，(16).

② 朱益飞，薛泉祥. 大学后非学历继续教育理论探析 [J]. 四川理工学院学报（社会科学版），2012，(2).

该体现在荣誉地位上。对于全校来说，学校在建立继续教育独立核算、收入共享等方面体现了激励机制。此外，继续教育学院还应每年召开一次全校继续教育主办单位参加的经验交流会和表彰会，对表现突出、工作富有创造性的部门和单位进行表彰。对工作人员，尤其是指劳务派遣人员，首先应按《劳动法》的规定，保障其基本生活，其次应在其收入分配上体现激励机制，最后要在晋升、评优、入党等方面与在编职工一视同仁。只有全体职工把继续教育作为自己的事业，才能全身心地投入工作，充分发挥自己的才能，开创继续教育事业。[①]

在约束机制上，主要是规范办学行为，保证培训质量。应该为所有工作人员建立约束机制。约束的主要目的是确保培训项目符合国家法律法规，不违反社会秩序和良好的校纪校规，保证培训项目的质量。对职工的约束主要是在道德规范和工作作风方面，以保证员工的工作模式、工作质量和工作效率。违反有关规章制度的，应当通过谈话、纪律处罚、开除等方式加以约束。

---

① 田维斌，吴云汉，易平贵. 高校非学历教育管理体制与运行机制研究［J］. 当代继续教育，2014，(32).

第七章　加强拓展法学继续教育的政治保障建设

一、拓展法学继续教育政治保障的作用和意义

党的十九大报告指出："要以提升组织力为重点，突出政治功能，把企业、农村、机关、学校、科研院所、街道社区、社会组织等基层党组织建设成为宣传党的主张、贯彻党的决定、领导基层治理、团结动员群众、推动改革发展的坚强战斗堡垒。"[①] 所以，法学继续教育在发展中如果立场动摇了，方向走偏了，那就会出现大问题，所以牢牢把握政治保障，强化政治功能至关重要。

（一）加强政治保障有助于法学继续教育的健康发展

法学继续教育在实施过程中要始终同党中央保持一致，坚定政治方向、政治立场、政治道路，时刻绷紧政治这根弦，坚持和加强党的全面领导，为法学继续教育持续健康发展提供强大动力和坚强支持。

1. 法学继续教育政治保障的作用

十九大报告明确指出："办好继续教育，加快建设学习型社会，大力提高国民素质。"[②] 办好继续教育是基础，加快建设学习型社会是关键，大力提高国民素质是目标。发展继续教育最终都是为加快教

---

① 习近平. 决胜全面建成小康社会 夺取新时代中国特色社会主义伟大胜利—在中国共产党第十九次全国代表大会上的报告［N］. 人民日报，2017－10－28.

② 习近平. 决胜全面建成小康社会 夺取新时代中国特色社会主义伟大胜利—在中国共产党第十九次全国代表大会上的报告［N］. 人民日报，2017－10－28.

育现代化、建设教育强国，为全面建成小康社会、全面建设社会主义现代化国家做出贡献。[①] 加强法学继续教育政治保障，坚持社会主义办学方向，培养有理想、有道德、有文化、有纪律的新人，有助于法学继续教育的健康发展。

2. 法学继续教育政治保障的意义

面对新时代任务，必须全面推进党的建设，为加快继续教育发展提供坚强政治保障。加强政治保障，要做到一是切实保障学校作为党的领导阵地的地位，尤其树立将学校作为培养合格的社会主义事业建设者和接班人的坚强阵地形象，牢牢掌握党对学校工作的领导权的需要；二是提高师生综合素质，培养和造就优秀知识分子队伍与“四有”人才的需要，是坚持社会主义办学方向，实现学校建设与发展及其奋斗目标的需要；三是秉持立德树人的教育理念，认真贯彻执行党的一系列教育方针，开展系列活动和进行课堂教育，积极推动高校素质教育的长远发展，力求通过一系列举措培养出德、智、体、美全面发展的社会主义接班人和建设者。

（二）加强政治保障有助于法学继续教育立德树人

加强继续教育政治保障，要做到全面贯彻落实党的教育方针，确立“立德树人”根本任务，面向地方经济，服务于社会，积蓄继续教育发展的正能量。[②]

1. 立德树人的含义

从字面上看，“立德”和“树人”两个词概括了“立德树人”的两个核心理念，同时也包括了在一个事物的两个方面，尤其是重点强调教育要“以德为根本，以树人为核心”。“立德树人”的提出，是立足当下现实，探讨最深层次的问题，即我们的社会（学校）究竟应该

---

① 杨学祥，张晓东. 新时代高校继续教育的使命与责任［J］. 继续教育，2018，(1)：3.

② 邓斌雁. 以立德树人为根本，促进继续教育内涵发展［J］. 大学教育，2013，(12)：9.

培养什么样的人、怎样培养人、为谁培养人这些问题。[①] 法学继续教育工作者和研究者要在工作中，坚持把习近平新时代中国特色社会主义思想，作为当前法学继续教育工作的指路石，坚持以习近平总书记对教育工作的讲话内容和重要指示精神为目标，把学生培养成社会主义合格建设者和可靠接班人。

2. 树立正确理想信念

立德树人需要立什么样的德？那就是以理想信念塑造挺拔灵魂。教育的目的不只是传授给学生相关专业领域的知识，还要重视对学生理想信念、个人操守和精神追求的培养。这要求我们在坚定理想信念上下功夫，教育引导学生培育和践行社会主义核心价值观，要求学生坚持以知促行、以行促知，实现知行统一，主动将个人梦想融入实现中华民族伟大复兴的伟大梦想中。

3. 加强党对教育工作的全面领导

党对教育工作的全面领导，是落实健全立德树人机制的根本遵循。法学继续教育高校的党组织要为新时代书写教育奋进之笔提供坚强保证：一是充分发挥学校领导核心作用，加强对学校工作的全面领导，做好学校党建工作基本功；二是教育引导学生开展“不忘初心、牢记使命”系列活动，让师生尤其是师生党员的先锋模范作用在教学科研、学习生活中显现出来；三是组织培育擅长思想政治工作的政工队伍，使他们成为先进思想文化的传播者、党执政的坚定支持者、学生健康成长指导者和引路人，形成落实立德树人根本任务的协同机制和强大合力。[②]

① 石国亮．新时代落实立德树人根本任务的战略要求［J］．中国高等教育，2018，(22)：10.

② 石国亮．新时代落实立德树人根本任务的战略要求［J］．中国高等教育，2018，(22)：11.

二、党组织政治保障作用的发挥

（一）坚持推行教职工全员政治学习制度

重视学习，善于学习，历来是中国共产党的政治、思想和组织优势。加强政治学习有助于引导全体教职工树立学习的意识和开阔视野，提高政治站位，营造良好政治生态。

1. 政治学习的意义

政治学习制度，是对师生员工进行政治理论教育，落实理论武装任务，加强思想建设的重要措施和载体。高等学校的重要任务，包括为国家培养“四有”合格的社会主义事业建设者和接班人，以及通过大力发展科技文化，推动我国社会主义现代化建设。高校教职工的政治思想素质，对于我国人才培养的质量起着直接的重要作用，学生的政治思想素质关系到社会主义事业的建设和更大发展。

2. 政治学习组织形式

高校政治学习组织方式主要包括中心组学习和集体学习两部分。中心组学习每月集中学习一次，组员由领导班子构成，学习目的主要在于深入基层党组织开展调查研究，并撰写理论文章、学习体会或调查报告，不断提高运用理论分析和解决实际问题的能力；集体学习分为党员集体学习和全体教职工集体学习：党员集体学习包括党员大会、支部委员会、党小组会和党课，有助于进一步加强对党员的党性教育；全体教职工集体学习是在每次集中学习前，将学习内容提前通知各位成员，再通过政治学习会议传达，由大家发表学习感想。另外还可以采取集体自学、座谈讨论、讲座、听录音、看录像、知识竞赛等多种形式，也可以通过举办各种培训班、研讨会、报告会以及各种学习小组等形式开展学习。无论何种形式，都要切实可行，行之有效，不搞形式，也不能以一般文体活动代替政治学习。

3. 政治学习的内容

政治学习内容主要包括党的基本路线方针政策、习近平总书记系列重要讲话精神、治国理政新理念新思想新战略、爱国主义、集体主义和社会主义思想教育、中共党史、中华民族优秀文化传统教育、时政教育、法制教育、形势政策以及学习传达上级部门及学校的有关精神和要求等。

（二）通过党政联席会保证重大事项的正确决策

高校党政联席会议制度有助于在事业发展和教学工作中坚持社会主义办学方向，认真贯彻落实执行党的路线、方针和政策，发挥“政治核心”和“保证监督”作用。

1. 党政联席会的含义

党政联席会是指一种领导班子集体议事的会议形式，可加强党的领导，协调党政联系、保障集体领导，可促进工作决策的民主化，及时调度、安排、研究、处理重大问题，及时交流和沟通思想，统一行动，提高工作效率和决策水平。党政联席会议是高校学院党政管理的基本形式和决策机构，会议积极支持但不能代行学院党委会、院长办公会议（院务会议）、学院学术委员会、学院学位评定分委员会、二级教职工代表大会等机构的工作职责。

2. 执行党政联席会的措施

（1）时间及人员

党政联席会会议一般每 1 至 2 周召开一次，需要时可随时召开。会议成员包括高校学院党政领导班子全体成员，必须有三分之二以上成员参加方可召开会议。学院党委纪检监察委员应列席会议。由会议主持人根据会议议题的需要研究确定其他需要列席人员。列席会议的人员有发言权，但没有表决权。

（2）召集与主持

一般情况下，会议根据议题分别由学院党委书记或院长召集并主持。特殊情况下，书记或院长可接受对方委托主持召开会议。原则上，学院党政主要负责人同时不能参加会议时，不得召开党政联席会议。

（3）议题提出

党政联席会议议题由党政领导班子成员提出，须符合议事范围，事先认真酝酿，经过必要的调研论证、征求意见及工作衔接后再提出，做到有情况、有分析、有依据、有建议，报学院党政主要负责人审核。

（4）议题确定

党政联席会议议题由学院党政主要负责人共同研究决定。学院党政主要负责人之间存在重大分歧的重要事项，原则上缓议。除突发性事件或紧急情况外，原则上不临时动议议题或表决事项。

（5）审议程序

党政联席会议坚持“一题一议”原则，逐项讨论决定议题。在听取议题提出人或列席人扼要情况说明或汇报后，与会人员充分讨论，对决策建议应分别表示“同意”“不同意”或“缓议”的意见，并说明理由；党政主要负责人应当最后发表意见。

（6）监督方式

通过签订责任书、开展警示教育和进行年终考评等方法，强化党政领导班子反腐倡廉和廉政建设的宣传教育。①

3. 重大事项的含义

党政联席会议依据规定和授权讨论决定高校学院办学工作的重大事项，议事范围主要包括：贯彻执行党的路线方针政策、国家法律法规，传达学习上级组织和学校指示精神，研究布置有关工作；研究制定学院事业发展规划、年度工作计划、内部管理制度和其他重要工作方案；讨论决定需要向学校党委、行政请示或报告的事项，听取有关工作报告，通报重要工作动态；讨论决定学院党的建设、思想政治工作、党风廉政建设、意识形态、统战、工会、共青团、离退休等工作中的重要事项；讨论决定本学院人才培养、科学研究、学科建设、师资队伍建设、学生教育管理、招生就业工作、社会服务、对外交流合

① 迟维意. 全面从严治党背景下加强高校党政联席会议制度建设的实践研究［J］. 高等农业教育，2017，（4）：4.

作等工作中的重要事项；讨论决定学院年度经费安排、大额度资金使用、物资设备购置、办学资源配置、教职工收入分配等工作中的重要事项，适时通报本单位财务收支情况；研究讨论学院教职工代表大会、学术委员会、学位评定分委员会以及职称评聘、岗位聘任等机构提请研究的有关重要事项；讨论决定安全稳定工作事项，尤其是重大人身伤亡、责任事故、突发事件和法律纠纷的处置意见；讨论决定需要领导班子共同决定的其他事项，或者不宜由班子成员个人决定的其他事项。

4. 发挥党政联席会议的政治保障意义

党政联席会议制度有利于党组织的政治核心作用的发挥。学院党组织是学院的政治核心，实行党政联席会有助于民主决策学院各项重大事情，能够紧随时代发展不断地自我发展自我创新来应对新情况的出现。同时有利于对思想政治工作的监督，做到把领导工作和监督工作相结合，紧密结合实际，充分发挥党组织的政治核心作用。

（三）发挥党员政治示范作用

发挥党员政治示范作用是加强政治保障的重要措施。党员要时刻紧紧围绕党和国家的奋斗目标，着眼彰显党的政治特征、发挥党的政治优势，发挥政治示范作用。

1. 一个党员就是一面旗帜

千百万共产党员的先进形象塑造了我党的光辉形象。党章赋予了党员发挥先锋模范作用的神圣使命，规定了党员是有共产主义觉悟的先锋战士，所以一个党员就是群众中的“一面旗”，新时期共产党员必须在不断提高自身党性修养和综合素质的前提下，充分发挥先锋模范作用，以良好的党员形象影响、带动全体人员共同进步，促进各项工作持续、稳步发展。一名优秀共产党员发挥模范带头作用的共性具体表现在以下几个方面：坚定理想信念，靠得住；提高道德品质，行得正；持之以恒读书，学得深；立足本职岗位，干得好；做好平常小事，看得见。

2. 有效开展党员政治示范建设

（1）加强政治理论学习

没有先进理论武装的共产党员，不可能发挥先锋政治示范的作用。党员较高的思想觉悟和政治素质关键来源于学习，一个不断深入学习的过程，就是不断提高思想认识的过程。通过对党的路线、方针、政策、形势、任务和纪律的学习，才能保持思想上的清醒、政治上的坚定和行动上的自觉。坚持业务工作与政治理论学习同步走的发展方针，要求师生党员积极学习《中国共产党党内监督条例》《关于新形势下党内政治生活的若干准则》和习近平总书记系列讲话等。通过讲党课、谈体会、开好组织生活、民主评议活动等一系列举措，教育全体党员树立正确的大局观、是非观，继而坚定政治立场，永葆党性。

（2）重视党员自我管理

充分围绕身份意识开展党员自我管理，用改革创新精神补齐学院党建短板。通过自我管理强化党员的纪律意识和宗旨意识，激发普通党员的使命感，真正严肃党内政治生活：教师层面坚持“严”字当头和秉承“实”字为先，科学合理地制定党建措施，充分考虑和正视教师党员队伍繁重教学科研任务的特点；学生层面要充分发挥支部在引导和教育学生方面的政治优势，坚持立德树人的教育要求，引领学生刻苦学习、团结进步，实现成材目标。[①]

（四）注重与师生员工政治思想交流

通过与师生员工交流政治思想可以有效了解他们思想动态，纠正政治思想偏差。

1. 开展政治思想交流的必要性

党组织应注重与师生员工进行政治思想交流。通过政治思想交流，才能保证全党的高度统一，才能使每个共产党员，包括党员领导

---

① 赵楠. 高校党组织发挥政治核心作用与完善服务功能研究［J］. 党团建设，2016，(10)：77.

干部，自觉地置于党组织的监督之下，时刻不忘自己是个共产党员，自觉地贯彻执行党的路线、方针和政策。

2. 有效开展思想交流的途径和办法

一是集体交流。通过开展专题读书活动和政治理论集体学习，交流学习心得，分享学习感悟，以交流互动为契机，让大家相互学习，相互启发，不断提升政治理论素养，达到学思践悟的学习目的；二是个人交流。通过撰写个人思想汇报，结合个人的学习、工作和生活情况，反映自己真实的思想状况，是培养个人组织观念、提高思想觉悟的有效途径；三是民主生活会。民主生活会是依靠领导班子自身力量解决矛盾和问题、发扬党内民主、加强党内监督的重要方式，是党内政治生活的重要内容，也是一种有效的思想交流方式。通过民主生活会的开展，大家平等地进行思想交流，加深在思想感情上的联系，开展批评与自我批评，使大家在总结经验、克服缺点的基础上取得一致，取得进步；四是定期与不定期开展思想交流。开展思想交流可以定期和不定期开展。定期开展主要根据前期制定的交流计划进行，了解师生政治思想动态；不定期交流可以根据发生的具体事件进行交流，分享看法和心得体会，提高思想交流的时效性。

（五）注重培养选拔干部政治标准要求

党员干部是党员队伍的骨干力量，选拔干部以政治标准为要求是最重要的措施。充分发挥党员干部的模范带头作用，发挥“头雁效应”，是新时代党的政治建设的关键环节。

1. 强调政治标准的意义

政治能力在领导干部的所有能力中排名首位，起着至关重要的作用。强调政治标准，有助于领导干部在工作和生活中，树立牢固政治理想，加强政治历练，不断提高政治觉悟，在党性锻炼过程中大力提高政治能力，确保党和国家的事业始终沿着正确政治方向稳步前进。

2. 政治标准含义

突出政治标准，提拔重用政治素质过硬、坚决维护党中央权威、全面贯彻执行党的理论和路线方针政策、忠诚干净有担当的干部。党员干部政治标准包含以下四个方面：

（1）政治理想信念（前提）

保持对马克思主义的坚定信仰、对共产主义和中国特色社会主义的坚定信念。

（2）政治立场（基础）

站在人民的立场上：全心全意为人民服务；站在党的立场上：自觉在各项行动上同党中央保持高度一致，坚决维护党中央权威和集中统一领导。

（3）政治作风（规范）

严格遵守政治纪律；严格遵守政治规矩；保持优良作风，切实做到“三严三实”。

（4）政治担当

在大是大非面前敢于表明立场，在歪风邪气面前毫不退缩，在危机面前有勇气迎难而上，在失误面前有承认错误的担当。[①]

三、加强党组织自身建设

（一）加强党组织自身建设的意义

1. 迫切性和必要性

新时期加强党的自身建设具有必要性和迫切性。当前党内仍然存在一些不符合党的性质、不坚持党的宗旨、不适应新形势新任务要求的问题和现象，主要体现在某些党员干部平时漠视和不关注对于党和国家相关理论的学习，不学以致用，马克思主义信仰淡薄，在理想信念方面产生动摇；一些党员干部法治意识、纪律观念淡薄，先锋模范作用不明显，对工作中反映出来的问题不重视、不分析、不解决，发现相关问题后不主动认领、深刻反思、积极整改，推诿责任；党员意

① 萧鸣政，林禾．领导干部政治素质的评价标准研究［J］．国家行政学院学报，2018，(3)：83．

识上还有差距，思想上有时有“老”的思想在作怪，说得多，行动得少。事实一再表明，有些党员干部由于信仰迷茫、精神迷失，被“糖衣炮弹”腐蚀，忘记了身为共产党员的初衷，做出损害国家和人民利益的事情。

2. 新时代新要求

党的十八届六中全会提出：“办好中国的事情，关键在党，关键在党要管党、从严治党。”① 习近平总书记强调，不断提高党的执政能力和领导水平，坚定不移全面从严治党。高校各级党组织坚持从严治党，务必确保始终将全面从严治党贯彻到高校党建工作中去，更重要的是贯穿到二级学院落实党委决策的过程中去。二级学院党组织必须准确认识新形势，努力担负新任务，迅速适应新要求，切实通过加强党的领导，推动高校内涵质量和管理服务水平的提升。

（二）加强党组织自身建设的措施

习近平总书记在第二十三次全国高等高校党的建设工作会议上指出：“要加强对高校党的建设工作的领导和指导，坚持党的教育方针，坚持社会主义办学方向，加强和改进思想政治工作，切实把党要管党、从严治党落到实处。”② 党的建设是马克思主义建党理论同党的建设实践的统一，马克思主义党的学说的应用。党的建设包括政治建设、思想建设、组织建设、作风建设、制度建设、纪律建设等，具有鲜明的党性和实践性。

1. 政治建设方面

（1）政治建设是党的根本性建设

党的政治建设处在党的建设中极为重要的地位，是党的根本性建设，必须把政治建设摆在首位。政治建设是马克思主义执政党的根本要求，体现在能够决定党的建设方向以及实施效果，是巩固全面从严

① 关于新形势下党内政治生活的若干准则［N］. 人民日报，2016－11－3（05）.

② 习近平. 坚持立德树人思想引领，加强改进高校党建工作［N］. 人民日报，2014－12－30.

治党成果的现实需要。进入新时代，只有旗帜鲜明加强党的政治建设，才能保证党的政治防线对头、政治原则坚定、政治路线正确，才能统一全党意志，凝聚全党力量。[①] 把政治建设放在首位，牢固树立“四个意识”和坚定“四个自信”，做到“四个服从”和“三个确保”，始终坚持正确政治方向、舆论导向、价值取向，牢牢掌握意识形态工作领导权。

（2）严肃党内政治生活

党要管党和从严治党首先要从党内政治生活开始。严肃党内政治生活，要严明党的纪律，特别是政治纪律和政治规矩。大力营造良好政治生态，尊崇党章，严格执行党章关于党内政治生活的各项规定；加强学习，学习《中国共产党章程》《中国共产党廉洁自律准则》《关于新形势下党内政治生活的若干准则》等党内法规，运用专题教育、集中培训、谈心活动、民主评议党员等方式，时时做“政治体检”、扫“思想灰尘”，增强维护党领导的坚定性；勇于开展批评和自我批评。通过批评和自我批评帮助党员干部明是非、辨美丑、信真理、改错误、统思想、增团结；坚决肃清破坏党内政治生活方面的恶劣影响和思想遗毒，牢固树立按民主集中制原则办事的观念。

2. 思想建设方面

（1）思想建设是党的基础性建设

坚定理想信念是党的思想建设的首要任务，要做到自觉把加强思想建设作为一种责任来履行、一种习惯来培养、一种能力来提升。马克思列宁主义、毛泽东思想、中国特色社会主义理论体系是党的思想建设的基本内容，主要任务在于保证党的基本路线的贯彻执行，对党员进行党的基本理论、基本路线、基本纲领等的教育，[②] 在新时代，高校要坚持以学习宣传贯彻习近平新时代中国特色社会主义思想为重

① 中共中央宣传部．习近平新时代中国特色社会主义思想三十讲［M］．北京：学习出版社，2018：310－311.

② 中共中央宣传部．习近平新时代中国特色社会主义思想三十讲［M］．北京：学习出版社，2018：312.

心和主线，提高理论学习质量；牢牢掌握意识形态工作领导权，筑牢意识形态阵地防线；持续加强统战群团工作。

（2）强化理想信念教育

没有理想信念，共产党人精神上的“钙”就会缺失。理想信念动摇是最危险的动摇，理想信念滑坡是最危险的滑坡。习近平总书记提出：“要练就‘金刚不坏之身’，必须用科学理论武装头脑，不断栽培我们的精神家园。”教育引导全体师生校准价值坐标，坚守理想信念，正确处理好整体与局部、公与私、义与利的关系，切实做到修身慎行、怀德自重。

（3）开展理想信念教育活动

一是积极开展主题党日活动，大力开展“不忘初心、牢记使命”主题教育，不断筑牢理想信念；二是推动“三会一课”等组织生活经常化，不断增强党内政治生活的政治色彩，让党内政治生活更具实效和更具活力；三是端正师生入党动机，做好党员发展各环节工作，严把党员发展质量关。高校要重视在优秀青年教师中发展党员，建立校、院两级领导班子成员、党员学科带头人联系优秀青年教师制度，成熟一个发展一个。同时从严从实做好在优秀大学生中发展党员工作，将“共青团推优”作为重要管道，重视发展少数民族学生入党。

（4）开展主题实践教育

理想信念教育必须加强对实践的重视，共同改造主客观世界。主题实践教育重视党员在活动中的自我教育使活动成为党员自学参与、自我教育、自我管理的过程。开展主题实践教育需要做到：一是积极开展主题党日活动，加强领导干部、特邀党建组织员督查指导基层党组织生活工作制度；二是持续开展“两学一做”学习教育常态化、制度化和开展“不忘初心、牢记使命”的主题教育；三是高校提炼实践基地建设经验，打造继续教育学院社会实践“金课”；四是加快“第二课堂”建设，广泛组织开展社会实践、志愿服务、带薪实习等活动，深化拓展实践育人。

3. 组织建设方面

（1）组织建设含义

党的组织建设，是指党的组织制度、党的中央组织、党的地方组织、党的基层组织、党的干部、党的纪律、党的纪律检查机关、党组等内容。因此，要认真贯彻执行新时代党的建设总要求，突出问题导向，找准发力关键点，把基层党组织建设提高到一个新水平，更好地发挥基层党组织战斗堡垒作用和党员的先锋模范作用。[①] 高校要全面提升基层党组织的组织力，充分发挥政治优势、组织优势、发挥办学治校中坚力量作用，做到党组织领导和运行机制到位、政治把关作用到位、思想政治工作到位、基层组织制度执行到位、推动改革发展到位。

（2）有效开展组织建设

一是健全组织体系。习近平总书记指出，“党的全面领导、党的全部工作要靠党的坚强组织体系去实现”治国安邦重在基层，管党治党重在基础。建全党的组织体系，必须始终坚持大抓基层的鲜明导向，大力加强基层党组织建设，以提升组织力为重点，突出政治功能。[②]

二是配齐建强党务工作队伍。规模大、党员人数多的学院要配备1名专职副书记，统筹推进学院专职组织员的配备工作。推行学院党政班子成员双向进入、交叉任职，党员院长应担任党组织副书记，党员副院长应进入党组织领导班子。健全党务干部常态化培训机制，抓好任职培训、定期轮训和专题培训，确保党务干部每年至少参加1次集中培训，推动党务干部的专业化职业化建设。保证师生党支部活动经费和场所，确保基层党组织有人管事、有钱办事、有场所议事、有制度理事。落实党务干部双重身份和“双线”晋升等要求，使他们更有动力干事、更有待遇保障和更有发展空间。

---

① 中共中央宣传部. 习近平新时代中国特色社会主义思想三十讲［M］. 北京：学习出版社，2018：317.

② 全面提升新时代党组织质量［N］. 吉林日报，2017-21（2）.

(3) 组织生活求实效

一是推进规范化管理。高校要重视组织生活时效，坚持抓实抓细以及规范与创新并重，不断推进组织生活规范化。将高校二级党组织党建常规工作标准化，形成一套责任清单、工作流程和标准体系列入高校党建考核项目内；对党内组织生活实施“全纪实”，有效增强组织生活的自觉性和严肃性，有利于推进规范化管理。

二是丰富组织形式。积极开展室外主题党建日活动，把在室内的“读”“说”，转化为室外的实践体会，以“7.1”“5.4”、开学典礼重大时间节点及高校运动会等重要活动为契机，开展形式多样的主题教育活动；加强志愿服务，开展社会调查、承诺践诺，以更好地贴合学生成长发展的客观规律；利用网络途径，及时上传党建资料，充分利用好“两微一端”发布学习资料和党建信息，认真开展党章党规党纪教育、警示教育。

4. 作风建设方面

(1) 作风建设意义

党的作风建设是党的思想、组织、制度状况的外在表现，就是党的形象，这关系人心向背，关系党的生死存亡。[①] 高校要牢牢抓住保持党同人民群众血肉联系这个根本，坚持把“作风建设永远在路上”作为主基调，抓小抓细、实抓严抓作风建设。深化落实中央八项规定及实施细则精神，持续纠正“四风”问题，不断改作风、转作风，坚决防止出现懒政怠政等现象。

(2) 保持党同人民群众血肉联系

坚持走群众路线，这是由我党全心全意为人民服务这一根本宗旨和党的根本政治立场所决定的。通过开展群众路线教育实践活动、三严三实专题教育、“两学一做”学习教育等系列活动，不断保持党同人民群众血肉联系，认真对待群众反映强烈的问题。在脱离群众的官僚主义问题上，高校在工作中加强对家庭经济困难学生及少数民族学

① 中共中央宣传部. 习近平新时代中国特色社会主义思想三十讲［M］. 北京：学习出版社，2018：318.

生的帮扶与引导，改善教职工工作环境，创造条件丰富教职工精神文化生活。

（3）解决问题务求实效

高校要锲而不舍落实中央八项规定精神，党员领导干部坚持严格执行廉洁自律准则，自觉抵制“围猎”腐蚀，在工作中有底线，守红线，以优良党风凝聚党心民心；反对特权思想和特权现象，主动接受师生和社会监督，牢固树立依法办事、尊重章程，保证高校办学宗旨以及教学活动符合法律规定；不断增强行动自觉，在制度下用好权、履好职、有作为。

5. 制度建设方面

（1）全面从严治党的重要保障

制度事关根本，关乎长远。推进全面从严治党，既要解决思想问题，也要解决制度问题。我党不断完善党章党规，形成以党章为根本遵循，核心是民主集中制，主干是各项准则、条例等内容构成的党内法规制度体系，做到前后衔接、左右联动、上下配套、系统集成，让党内生活主要领域有章可循，有规可依。

（2）规范制度建设

党内政治生活是党组织教育管理党员和党员进行党性教育锻炼的主要平台，严肃党内政治生活既要靠教育，更要靠制度。高校基层党组织一定要熟悉各类政治生活制度内容，包括《中国共产党章程》《中国共产党党内监督条例》《关于新形势下党内政治生活的若干准则》《中国共产党党和国家机关基层党组织工作条例》《中国共产党纪律处分条例》等。高校结合自身实际，制定实施细则和自身制度建设，将党内规章制度上会上墙。

（3）强化制度落实

高校基层党组织要强化制度执行，严格落实党内学习制度、“三会一课”制度、组织生活会制度、谈心谈话制度和民主评议和党性分析制度等。高校层面抓好责任落实，形成一级抓一级、层层抓落实的工作格局；严格执纪问责，加强基层党组织执行党内政治生活制度的检查、指导；强化督促考核，加强对严格执行党内政治生活制度的跟踪分析，及时掌握落实情况。

6. 纪律建设方面

（1）用铁的纪律管党治党

我们党是靠革命理想和铁的纪律组织起来的马克思主义政党，纪律严明是党的光荣传统和独特优势。① 严明党的纪律，要增强纪律教育的针对性，开展经常性教育，把党章党规党纪作为必修课，用纪律管住大多数；严明党的纪律，加强对教职工特别是重点岗位职工的谈心谈话工作，严厉整治发生在师生身边的腐败问题；通过民主评议开展批评与自我批评，切实做好廉政风险的排查、防控工作。

（2）强化纪律教育和纪律执行

高校要始终严守纪律和规矩第一要求，注重抓早抓小、抓长抓常，工作中时刻严明党的政治纪律和政治规矩，紧盯关键时间、关键环节、关键领域、关键岗位，健全和完善各项监督执纪工作程序。一是要抓好课堂教学、教材选用、论坛、讲座等遵守政治纪律和政治规矩，特别是遵守意识形态工作纪律要求的督查；二是分层分类开展经常性纪律教育，开展党风廉政主题教育月活动。此外，高校领导班子掌握政策方法，树立正确政绩观，求真务实，真抓实干，把"破"与"立"结合起来，在廉洁从业上更加清醒，在履职用权上更加规范，在生活作风上更加严格，在严于律己上更加自觉，以良好的作风形象影响带动教职工队伍。

（3）坚持对标对表抓督查

高校应建立有效的党建工作督查、评估和反馈机制，加强过程指导帮扶。完善党组织工作考核评价机制，做好年度两级班子民主生活会、两级党组织书记抓基层党建工作述职评议考核和民主评议党员工作，确保基层党建各项任务落到基层、实到支部。同时按"好、较好、一般、差"四个等次做出综合评价，述职评议结果作为今后评先评优、干部选用的重要依据。

① 中共中央宣传部. 习近平新时代中国特色社会主义思想三十讲［M］. 北京：学习出版社，2018：319.

（4）深入推进党风廉政建设和反腐败斗争

一是高校要牢固树立“抓从严治党是履职，不抓是失职，抓不好是渎职”的理念，对全校加强日常教育管理，狠抓党风廉政工作落实。坚持教育从严、管理从严、监督从严，坚决纠正软弱涣散的现象；二是严查重点领域和关键环节的腐败问题。高校要抓好党风廉政教育学习，增强干部职工廉洁自律意识。通过书记、院长同上党风廉政建设课、全院政治学习、组织生活、二级中心组学习、院长办公会、党政联席会和个人自学相结合的方式，坚持理论联系实际，学习党风廉政建设相关精神；三是把握惩治基层腐败主导权。高校领导认真贯彻中央八项规定，严格执行准则和条例，坚决抵制和“围猎”腐败等各种不正之风，推动全面从严治党在基层见到实效；四是深查违纪事例。高校招生、物资采购、基础设施建设、教学科研经费、人事招聘、干部选拔任用和财务管理等方面一直以来都是违纪案件的重要爆发点，高校务必做到有违纪违法案件必彻查，有贪污腐败行为必严惩，为各项事业健康发展营造风清气正的校园环境。